中公新書 1551

白石 隆著

海の帝国

アジアをどう考えるか

中央公論新社刊

はじめに

アジアをどう考えるか。日本はアジアにおいてこれまでどのような地位を占め、またこれからどのような位置を占めるべきか。

本書においてわたしの試みたいことは、アジアを文明、風土といったなんらかの安定した構造としてではなく、歴史的に生成、発展、成熟、崩壊するひとつの地域システムと捉えること、そしてそうした地域システムとしてのアジアの成り立ち、そこにおける日本の位置を、普通われわれが行なうよりももっと長い時間の幅で考えてみることにある。

あたりまえのことであるが、われわれは過去を振り返ることで未来を構想する。未来は過去の延長上にしか構想できないからである。「いま」を見つめれば見つめるほど、われわれの想像力は「いま」に囚われ、長期的ヴィジョンが夢想と、近視眼的思考が現実主義と取り違えられる。しかし、いまなんともしようのないと見えることがやがて一〇年後、二〇年後にはなんとかなる、ということはいくらでもある。アジアにおいて日本はどのような位置を占めるべきか、この問題を考える上でもっとも重要なことは長期の戦略的な方向感覚であり、どれくらいの時間の幅で過去を振り返り未来を構想するかである。

歴史には構造に応じてさまざまの時間がある。政権の歴史はせいぜい数年の話であり、一方、体制の歴史は数十年、国家の歴史は数百年の話である。同じことが地域システムとそれを支える地殻の構造についても言える。第二次世界大戦後、アジアの地域的な政治経済秩序はアメリカの「非公式」帝国秩序(「自由アジア」)として編成された。日本はこの秩序において「半主権国家」、「アジアの工場」、アメリカの「ジュニア・パートナー」として位置を占めた。この秩序がいま「東アジア」経済圏の形成、冷戦の終焉、経済危機によって大きく変容しつつあるようにみえる。ではこれからアジアの地域システムはどう変貌することになりそうか。日本はこれにどう関与していくべきか。こう問題を立てれば、これは過去五〇年の歴史の延長上に未来を構想し構築しようという話である。

しかし、これが地域システムとしてのアジアを考える唯一の時間というわけではない。地域システムはひとつの構築物であり、その基礎にはそれを支える地殻の構造がある。かつて十九世紀、この地殻の構造に大きな変動がおこった。十八世紀、東アジアにどのような地域秩序があったかは別として、十九世紀には中国を中心とする華夷《かい》秩序は確実に崩壊し、その制度的基礎をなした朝貢貿易体制も消滅した。そしてこれに代わってイギリス主導の新しい地域秩序が海のアジアに構築された。イギリスはペナン、シンガポール、香港、アモイ、上海といった「点」を支配し、そうした「点」を結ぶ「線」を基軸として、その力を海のアジア、さらには中国大陸へと投射した。そこにイギリスの「非公式」帝国が成立した。東アジアにおいて近代国家、近代資本主義の制度はこのイギリスの非公式帝国秩序の下で形成された。

イギリスはまたここに新しい秩序原理をもち込んだ。それまで秩序は現にそこにあるものにすぎなかった。しかし、イギリスはそうした「現にある秩序」に「あるべき秩序」を対置し、これをモデルに現実を整序しようとした。このとき「自由主義プロジェクト」がはじまった。これ以来、秩序は現実とモデルの緊張関係のなかで形成されてきた。そうした「自由主義プロジェクト」はその内容は変わっても、いまなおわれわれとともにある。

わたしが本書で行ないたいことは、東アジア地域システムの生成と発展と変容をこうした地殻変動の観点から考えることである。それは別の言い方をすれば、政治学者が五〇年、（スケールの大きい）歴史家が五〇〇年の時間の幅でものを考えるときに、あえて東アジアの「近代」をひとつのまとまった時間の単位と捉え、一五〇〇—二〇〇〇年の時間の幅で東アジアの地域秩序を（一連の）構想と形成という観点から考察しようということでもある。

さてそれではこういう時代はどのようにしてはじまったのか。十九世紀、東アジアでどのような地域秩序が構想され、現にどのような秩序が構築されたのか。それは東アジアにどのような変化をもたらしたのか。以下、アジアの地域システムのデッサンを、十九世紀はじめ、マラッカにあって「新帝国」を構想したラッフルズの夢からはじめることにしよう。

目次

海の帝国——アジアをどう考えるか

To the memory of

George Kahin and Takashi Uehara

第一章　ラッフルズの夢

マラッカ

マラッカ、あるいはマレー語の音を忠実に表記すれば、ムラカは、マレー半島の西岸、マレーシアの首都クアラルンプルの南東約一五〇キロメートルのところにある。ノース・サウス・ハイウェイを下り、一九号線に入ってまっすぐ南下すれば、クアラルンプルから車で約二時間の距離である。この町はかつて十五世紀、中国とインド、イスラム世界を結ぶ東西貿易の中継地、いまイスラム教徒とキリスト教徒の血腥《ちなまぐさ》い殺し合いの場となっているモルッカ諸島を原産地とする香料貿易の中心地、そしてマラヤ、スマトラ、ジャワ、ボルネオ（カリマンタン）、セレベス（スラウェシ）など、近隣の土地の産物の集散地として、大いに繁栄した。当時、マラッカは、マラッカ海峡から南スマトラのジャンビ、パレンバンの地域を支配下におさめるマラッカ王国の都であり、それ以降も、この町はその戦略的位置のため常にその時代の覇者の支配するところとなった。一五一一年、マラッカはポルトガルに占領されて、十六世紀にはポルトガルの東洋貿易独占、キリスト教布教の中心となった。十七世紀半ばから十八世紀末まではオランダ東インド会社の支配下におかれた。さらに一七九五年にイギリスがマラッカを占領してより、一九五七年のマラヤ独立までマラッカはイギリスの支配下にあった。そしていまではマラッカはマレーシアの古都として豊かな歴史的遺産をもつ観光名所となっている。

このマラッカに一八一一年、トーマス・スタンフォード・ラッフルズ（一七八一―一八二六）がいた。シンガポールのラッフルズ・ホテル、ラッフルズ広場などで知られるあのラッフルズである。あるいは信夫清三郎の古典『ラッフルズ伝、イギリス近代的植民政策の形成と東洋社会』（平凡社東洋文庫）の主人公といってもよい。ラッフルズは史上、シンガポールの「建設者」として知られる。しかし、これは一八一九年のことで、一八一一年にはシンガポールはまだ人口数百人の小さな漁村にすぎなかった。

この当時、ヨーロッパはナポレオン戦争のさなかにあり、オランダはフランスの支配下に

17世紀後半のマラッカ

おかれていた。アフリカ南端、喜望岬からセイロン、ジャワをへて長崎の出島《でじま》に拡がるオランダの海上帝国はこの時期、イギリスによって解体された。一七九五年、オランダがフランスの同盟国としてイギリスに宣戦した直後、イギリスは喜望岬、セイロン、マラッカを占領した。ついで一八〇六年、ナポレオンがその弟、ルイ・ボナパルトをオランダ国王に任命し、一八〇八年オランダ人ジャコバン党員、ヘルマン・デーンデルスを東インド総督としてバタヴィア（ジャカルタ）に派遣したあとには、イギリスはジャワの海上封鎖を行ない、一八一〇年には、イギリス東インド会社理事会の訓令を受けてカルカッタの東インド総督ミントー卿はジャワ占領を決意した。

一八一一年、ラッフルズがマラッカにあったのは、このジャワ占領工作のためだった。ラッフルズは一七八一年、西インドのジャマイカの生まれ、一七九五年、一四歳のときにロンドンで東インド会社職員に採用され、一八〇五年、ペナンに到来した。かれはロンドンからペナンに向かう船中でマレー語を修得し、ペナンでは「原住民」を雇ってマレー諸王国の慣習、年代記などを収集した。こうしてラッフルズは、一八一〇年、カルカッタでミントー卿に会ったときまでには、すでに「マレー」の専門家として知られていた。ミントー卿がラッフルズをジャワ占領工作、さらにはスマトラからジャワ、セレベス(スラウェシ)をへてモルッカ諸島に至る「マレーの王たち」への工作の責任者に任命したのも、これが大きな理由だった。

ラッフルズはマラッカではバンダル・ヒリル地区に居を定めた。マラッカ川の東側、セント・ポールの丘を左に見ながらぐるっと回り、いまでは門を残すのみとなっているサンチャゴ砦をすぎてしばらく東に行ったところである。この頃のラッフルズの有様については、アブドゥッラー・ビン・アブドゥル・カディールの自伝『アブドゥッラー物語』(平凡社東洋文庫)のなかにみごとな描写があり、これには中原道子氏の名訳がある。

ラッフルズは、アブドゥッラーの記憶では、多数の現地人を雇ってともかくなんでも集めさせる人だった。物語を写す者もいれば、文書類を写す者、詩を写す者もいた。韻律詩、四行詩などの詩を別にして、年代記、マレー語の文書、慣習法などだけで、およそ三六〇冊の手写本があり、筆写のためにいつも四、五人が雇われていた。また植物、昆虫、ムカデ、サソリ、軟体動物、貝、珊瑚、甲殻類、野生の動物などを集める者たちもいた。アブドゥッラーはここで毎日、マレーの王たち宛の手紙を書かされた。「手紙の中で述べられていることは、ただ、これらの国とイギリスとの間の友好的な関係を求め、彼らの心を得ようとするものであった。送られるおのおのの手紙には、贈り物と心のこもった言葉がついていた」。ラッフルズは使者を派遣してこういう手紙をマレーの王たちに送り、かれらもまた返礼の手紙と贈り物をラッフルズに送ってきた。

ラッフルズの胸像

またラッフルズは「一つ一つの仕事を時間割に従ってやり、決してあれこれ混同することはなかった」。かれは毎日のように書いた。執務室には大きな机があり、かれは長い間、その部屋の中を行ったり来たり歩き回っては机の上に横になり、ときにはまっすぐ上の方を見つめていたり、ときには眠っているように眼をつぶっている。そして突然起き上がると、急いでなにかを書き記し、そのあとまた横になる。そうやって夜の一一時か一二時になると眠りにつく。そして翌朝になると、前の晩に書いたものを行ったり来たりしながら読み直し、一〇枚のうち三、四枚を秘書に渡してノートに筆写するよう命じ、他は破いて捨ててしまう。

ラッフルズの「新帝国」構想

ラッフルズがこのようにしてマラッカで書いたものに一八一一年六月一〇日付、東インド総督ミントー卿宛の書簡がある。ここでラッフルズは「新帝国」建設を建策した。当時、ミントー卿はすでにマラッカにあり、数週間のうちにジャワ占領に出発する予定だった。イギリスはペナン、マラッカに拠ってマラッカ海峡を掌握し、またこのときまでにはモルッカ諸島もその支配下にあった。これでジャワを占領すれば、ベンガル湾からマラッカ海峡、スマトラ、ジャワ、バリ、セレベスを経由してモルッカ諸島、ニュー・ホランド（オーストラリア）に至る島々が事実上イギリスの影響下におかれることになる。いまこそ東インドのオランダ海上帝国を解体し、新しい海の帝国を建設する好機である。これがラッフルズの書簡の基本的趣旨だった。ただし、ひとつ問題があった。ロンドンの東インド会社理事会の訓令はオランダの勢力をジャワより駆逐すること、そのあとジャワを放棄することとあった。ミントー卿はこれに反対し、ジャワを暫定的にイギリスの占領下におくことを考えた。しかし、いずれにしても、ナポレオン戦争後のジャワの将来的地位は未定だった。ラッフルズがその「新帝国」の建策において、ジャワを中心とする「公式（フォーマル）」帝国の建設ではなく、「非公式（インフォーマル）」の帝国、マラッカ海峡からモルッカ諸島に至る東インドの海域におけるイギリス主導の新しい地域秩序の構築を考えたのはそのためだった。

さてそれではラッフルズはこの書簡において「新帝国」をどのように構想しただろうか。

ラッフルズはまずこの地域の地政学的特徴をこう摑まえる。ジャワおよびその東方の島々の併合によってベンガル湾からニュー・ホランドに至る地域がイギリスの影響下に入ることになった。この地域の国々はジャワのようにオランダの領土となっているところ以外はすべて小国で、そのいずれも、別々には、とても独立国家としてはやっていけない。「これらの国々を構成する部族は、慣習、習俗、宗教、言語において大いに異なり、また文明の水準においても大いに違っている。（しかし）ヨーロッパ人はすでに永いあいだ（これらの人々を）マレー人と呼び慣らわし、われわれとしても便宜上、この名称を維持しようと思う。ヨーロッパ人がはじめてこれらの国々を訪れるようになった頃には、（これらの国々の）人口も

（いまより）もっと多く、政府ももっと強力で安定しており、一般に住民も文明的にもっと進歩していた。（しかし）オランダ人はみずからの商業的利得のみにさとく、これら地域との通交において、アフリカ奴隷海岸に対するヨーロッパ諸国民の政策を別とすれば、いまだかつていかなる国に対して示されたよりもさらに冷酷で偏狭でけちな政策にしがみついてきた」。

ラッフルズはこうオランダの政策を批判した上で「われわれのマレー政策」を提言する。

なおここでひとつ確認しておけば、「マレー」は決して内容の安定したカテゴリーではない。すぐ右の引用文でラッフルズ自身の述べるように、「マレー人」などというものはこの当時、

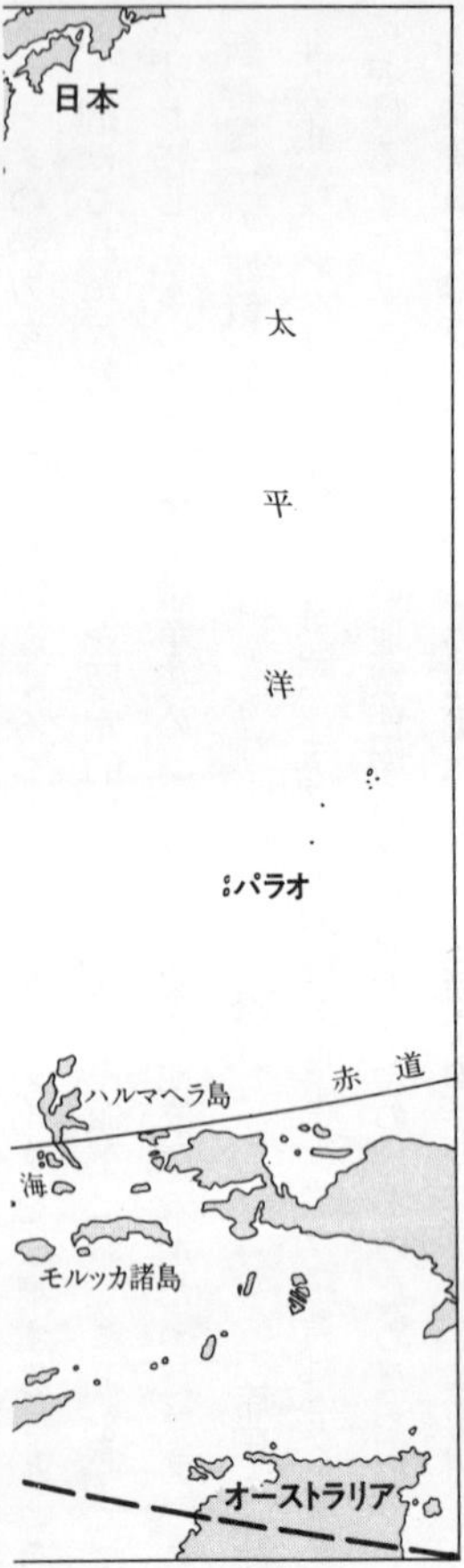

ものを使用）

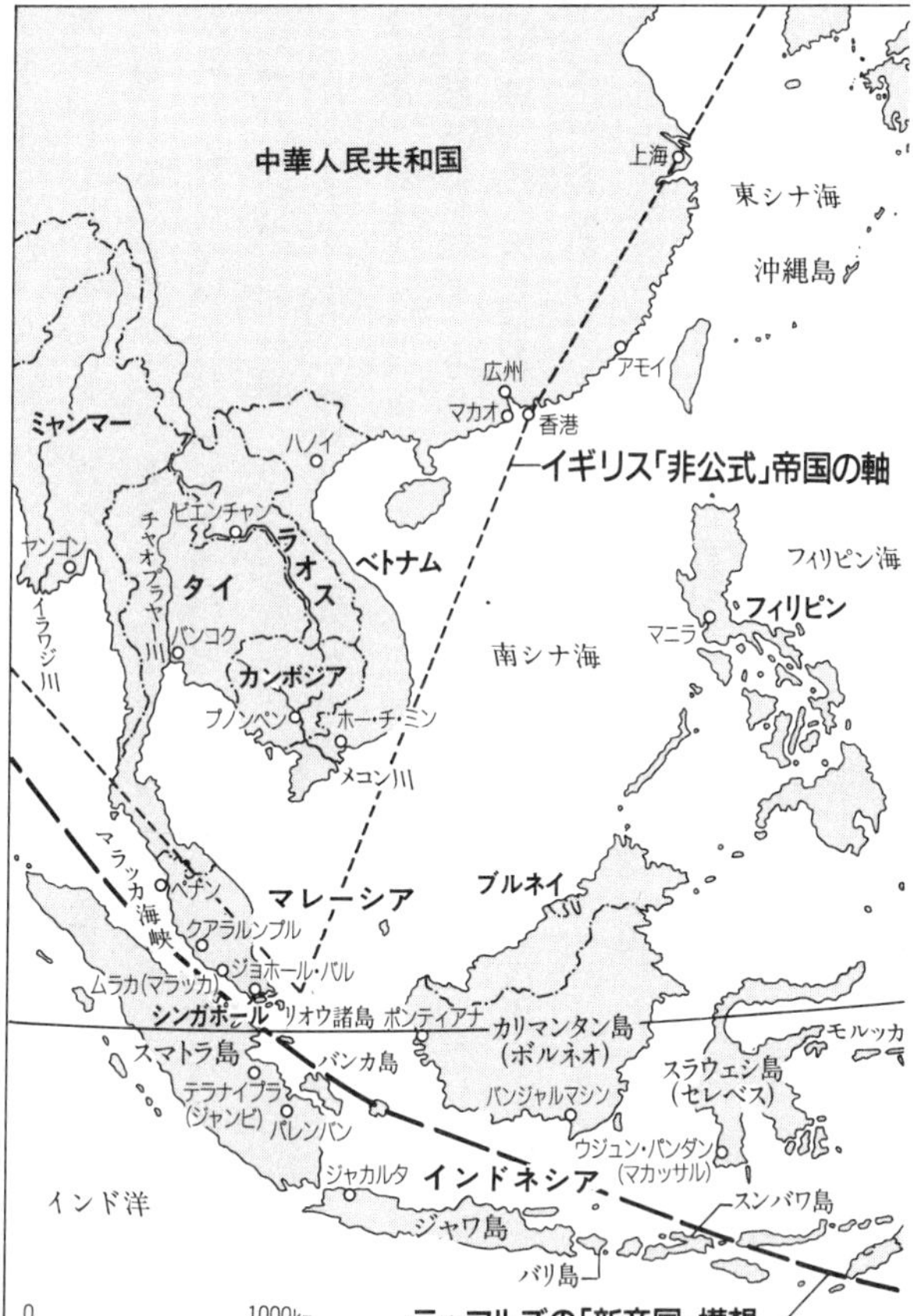

ラッフルズの「新帝国」構想（地図は現在の

まだ存在しなかった。それは以下に出てくる「中国人」「アラブ人」などについても同じである。しかし、そういう内容不安定なカテゴリーを基礎に政策が組み立てられ、この政策が実施されることによって、そういったカテゴリーがしだいに社会的に実体化してくることになる。これについてはそのうち述べる。とりあえず、ここで検討したいのはラッフルズの「われわれのマレー政策」である。

これには大きく二つの柱があった。そのひとつは、伝統的権威によってイギリスの宗主権を基礎づけるということだった。ラッフルズによれば、スルタン、ラジャなどと呼ばれるマレーの王たちはそれぞれの王国においては十全な権威をもっているが、かつてはジャワにあってビタラの称号をもって呼ばれたモジョパイトの王を大王として戴いていた。今日のマレーの王たちもそうした大王(マハラジャ)を戴くことによって王としての権威をますます高めることができる。そうであればかれらもこの構想に反対することはないだろう。かれらを説いて東インド総督にビタラの称号を授与せしめ、これによって「われわれ」が「マレーの国々に対する監督と干渉の一般的権利」、つまり宗主権を掌握する、これが「われわれのマレー政策」の第一の柱だった。

もうひとつは東インドの島々に「一連の根拠地」を設立し、これを結ぶ線からイギリスの力を投射するということだった。ラッフルズはこうした観点からバンカ、バリ、セレベス、ジェロロ（ハルマヘラ）に注目した。これらの島々はそれぞれの海域で戦略的位置を占めている。しかもこれまでオランダの支配に抵抗してきた。これらの島々の有力王国と同盟し、そうした国々に治安維持、地方貿易の振興の責任をもたせる。これがラッフルズの「われわれのマレー政策」の第二の柱だった。

またこれに関連して、ラッフルズは、南セレベスの港市、マカッサル（ウジュン・パンダン）を中心とするブギス人、マカッサル人にとくに注目した。ブギス人はセレベス（スラウェシ）の南西半島に居住する人々で、半島南端に住むマカッサル人とは言語、文化とも類似点が多く、ブギス・マカッサル人と一括されることも多い。かれらは東南アジア海域世界において海賊、傭兵、商人などとして知られ、とくに十七、十八世紀にはマレー半島のジョホール、スランゴールからオーストラリア北岸、ニューギニアまできわめて広範な地域で活動した。ラッフルズは、これらブギス人、マカッサル人について、かれらはこれまでオランダ人の醸成した内乱と奴隷貿易によって分裂し疲弊してきた、しかし、われわれはオランダ人とは正反対の政策をとるべきである、と主張する。ブギス人、マカッサル人を保護し、かれらがわれわれと共同の利益をもつようにする、そして東方諸島の中心、セレベスに「強力で活動的な国民を創出する」、これがラッフルズのブギス・マカッサル人との同盟論だった。

では「新帝国」建設の敵はだれか。

ラッフルズはまず「中国人」に対する警戒を呼びかける。オランダ人はその植民地経営において「原住民」である「マレー人」「ジャワ人」を抑圧し「中国人」を支援する政策を採った。しかし、中国人は「土地の子」ではなく「その労働の果実をそれを得たところで使うのではなく、中国に送金してしまう」。また中国人はきわめて「融通がきき欲得ずくで狡猾で」、そのため「やはり狡猾で欲得ずくで山師の」オランダ人にみごとに取り入り、オランダ人がこの地域に到来したときから「オランダ人の代理人」となった。こうしていまでは中国人はジャワの徴税請負、政府契約をほぼ完全に掌握してしまい、オランダ人の有力者で「契約、投機において」中国人と結託していない者などほとんどいない有様となっている。

しかし、中国人にとってジャワは「仮の宿」であり、金もうけだけがかれらの目的である。したがって、ラッフルズの見るところ、オランダ人にとって「住民の進歩」がその支配の目的となったことなどまったくなかったけれども、そのオランダ人から見ても中国人の遣り口は目に余るものがあった。たとえば、バタヴィアの（オランダ東インド会社政庁の）評議員は、その報告書のなかで中国人を「疫病」と呼ぶ。中国人が土地を手に入れると、水田の地代は五倍にも跳ね上がる。ジャワで多くの中国人が住み着いたところでは、ジャワの原住民はその土地を去るか、奴隷となるかしかない。これはジャワ以外でも同じである。すべてのマレーの国々において、中国人は関税請負を手に入れ、貿易を独占しようとする。また中国人は、その特有の言語と慣習から、どこでも自分たちだけの社会を形成し、貿易独占の上で競争者よりも有利な地位に立つ。したがって、われわれは、中国人に対して、商業的にも政治的にも大いに警戒しなければならない。

ラッフルズはまた「アラブ人」「アメリカ人」にも警戒を呼びかける。アラブ人は、中国人と同様、マレーの国々を訪れてはやはり貿易独占を手に入れようとしてきた。しかも、かれらは中国人以上にたちが悪い。中国人は少なくともよく働く。アラブ人は働かない。またかれらは大資本をもったアラビアの商人ではなく、港から港へ、シェイク（有力者）だ、サイード（預言者モハマッドの子孫）だと言って、「単純で疑うということを知らない原住民」を騙し、マレーの王たちに取り入っては高位の官職を得て強盗のように利を求める。たとえば、西ボルネオのポンティアナの前王は、中国人に関税請負、貿易独占を与えるようなことはなかった。しかし、アラブ人の「冒険者」には手もなく騙された。現在の王はそう簡単には騙されない。それでもアラビアからこの地に到来するアラブ商人には関税を免除してやっている。しかし、たとえ相手がマスカット、モカ、ジッダなどからのアラブ商人であっても、関税免除などの特典は与えられるべきではない。そのためにはマレーの国々において「平等、均質な港市条例」を制定する必要があるだろう。

一方、「アメリカ人」のもたらす問題は「中国人」「アラブ人」とは性格が違う。かれらがこの地域に到来するようになったのはジャワ海上封鎖の頃からで、中国市場向け商品を求めてモルッカ諸島に到来するようになったのが、最近ではその活動の範囲を拡げるようになっていた。かれらは（まだイギリスから独立してまもなく）イギリス人に決して好意をもっていない。またかれら自身、きわめて活動的で進取の気性に富んだ商人であってみれば、われわれと同じ条件でかれらに商業活動を許すことはわれわれの利益にはならない。アメリカ人の目的は貿易であり、そのためにはかれらはどこへでも行く。また銃の需要が大きく、これがもっとももうけの大きい商品と考えられているため、かれらは、放置すれば、そのうち東方諸島の至るところで銃を売るようになるだろう。

こうしてみれば「われわれの政策」は明らかである。オランダ人の政策は貿易独占、生産調整だった。かれらには「より小さい資本でより大きな利益を挙げるよりも、より大きな資本でより小さな利益を挙げる方が長期的にもっと利益になる」ということがついに理解できなかった。これに対し「われわれの政策」は自由貿易にある。その意味で「われわれの政策」はオランダ人の政策とは違う。しかし、オランダの政策にも継承すべきことはある。オランダは、原住民、ヨーロッパ人を問わず、オランダの支配下にある特定の港市における以外は、東インドからすべての勢力を排除した。オランダはこれを貿易独占のために利用した。この政策は自由貿易の促進のためにも利用できる。それぞれの海域である特定の港市でのみ貿易を許す。そしてその周辺の港市では貿易を許さない。そうすることによって特定の王国を同盟国として支援し、そうした有力王国にそれぞれの海域における治安維持の責任をもたせる。政治政策と貿易政策をこのように組み合わせれば、それぞれの海域で有力港市を中心に治安の維持、地方貿易の振興が行なわれ、「これらすべての東方国民の文明の促進と一般的進歩」が実現されることになるだろう。特定の港を貿易港とすることによって、東方諸島が中国人、アラブ人、アメリカ人などの「無節操な冒険者」によって蹂躙《じゅうりん》されることを防止する、そして「イギリス国民の利益」を守り「マレー諸国民」の進歩と利益を促進する、これこそ「われわれの政策」の目的である。

これがラッフルズの「新帝国」建策の要旨だった。ここに見るように、ラッフルズの「新帝国」は、領土支配を目的としない海の帝国、自由貿易帝国だった。帝国建設の基礎はイギリスの軍事力にあった。ジャワの占領によってオランダ、フランスの勢力をこの海域から駆逐する。これによってベンガル湾からニュー・ホランド（オーストラリア）までの海域においてイギリスの軍事的優位を確立する。その上でマラッカ海峡からモルッカ諸島までそれぞれの海域で有力王国の港市を貿易拠点として育成する。港市の繁栄によって有力王国はますます有力となり、新しい地域秩序の維持がそうした王国の利益ともなる。またマレーの王（ラジャ）たちに東インド総督を大王（マハラジャ）として受け入れさせ、大王の名においてマレーの国々に「平等で均質な」、いまはやりのことばでいえばグローバル・スタンダードに適った「法律、制度、政府、政策」を導入する。こうして新しい自由主義的政治経済秩序を東インドに構築する。ラッフルズの建策は、その意味で、東南アジアの地域に「イギリスの平和」が実現されるまさにそのときに提出された新秩序構想、アダム・スミスの精神をそのままに受け継いだ最初の「自由主義プロジェクト」だった。

秩序形成の二つの原理

しかし、一八二〇—六〇年代、東南アジアに成立した地域秩序は、ラッフルズの構想した「新帝国」の秩序とはよほど違うものとなった。まず第一に、イギリスの力は、ベンガル湾からマラッカ海峡、バンカ、バリ、セレベス、ジェロロ（ハルマヘラ）を経てニュー・ホランドに至るラインではなく、カルカッタからペナン、シンガポールを経由して香港、上海に至るラインから投射された。この結果、「新帝国」は東インドにではなく東アジアに建設された。第二に、東南アジアにおけるイギリスの自由貿易帝国はこの一環としてシンガポールを中心に構築された。シンガポールは一八一九年、ラッフルズによって「建設」された。さらに一八二六年にはペナン、マラッカ、シンガポールを合わせて海峡植民地が編成された。イギリスはこれを拠点にマラッカ海峡を支配し、そこからマレー半島、スマトラ東海岸、リオウ諸島、ボルネオなどへと影響圏を拡大した。しかし、この自由貿易帝国においてイギリスの同盟者となったのはラッフルズが警戒を呼びかけた「中国人」であり、シンガポールは東南アジアの華僑センターとなった。

どうしてこういうことになったのか。国際政治的には、その理由はごく簡単である。ヨーロッパでナポレオン戦争が終焉し、フランスと対仏大同盟国のあいだでパリ条約が締結された。これによってイギリスはマルタ島、喜望岬、セイロンを獲得し、一方、ジャワは一八一六年、オランダに返還された。一八一一年、イギリスのジャワ占領によってマラッカ海峡からモルッカ諸島に至る「新帝国」建設の構想が生まれたように、ジャワのオランダへの返還によってイギリスは東インドへの関心を失った。またちょうどこの頃からアヘンが対中貿易最大の輸出品目となった。この当時、地方商人（カントリー・トレーダー）とはイギリス東インド会社によって東アジアの海域で交易することを許されたヨーロッパ人商人のことであったが、そうした地方商人はもう東インド貿易によって中国市場向け物産を手に入れる必要がなくなり、さらにアヘン戦争以降、香港の割譲、「条約港」の設立によってイギリスの拠点が中国沿海州につくられていった。こうしてイギリスの「非公式」帝国はペナン、シンガポールから香港、上海を結ぶラインを軸に構築されることになった。

ここで非公式帝国、インフォーマルな帝国ということばを使うのは、これが一八二〇年代から一八六〇年代にかけて東アジアから東南アジアの地域に成立したイギリス主導の地域秩序を摑まえるのに便利なことばだからである。非公式帝国とはもちろん公式帝国、フォーマルな帝国の対概念であり、公式帝国が植民地、自治領、租借地、条約港などを意味するのに対し、影響圏を意味する。そういう影響圏が東南アジアでは海峡植民地を中核として構築され、香港、上海などを中心とする影響圏とともに東アジアから東南アジアにかけてイギリスの非公式帝国を構成した。

しかし、これだけではまだ説明として不十分である。なぜ中国人がシンガポールを中心とする自由貿易帝国において、イギリスの同盟者となったのか、それにどういう意味があるのか、なにも説明していないからである。なお、あらかじめ付言しておけば、ラッフルズが一八一一年に「新帝国」の同盟者と想定したブギス人、マカッサル人が、東南アジアにおけるイギリス自由貿易帝国の支持者とならなかった、というのではない。ブギス人の商船は、南セレベスのマカッサル、ボルネオ（カリマンタン）南部のバンジャルマシン、バリ、その東のスンバワなどを拠点に、南西モンスーンにのって毎年七月から一〇月頃、マラッカ海峡に到来し、十八世紀末にはシンガポールの南、リオウ諸島に一大勢力をはるようになっていた。シンガポール設立後、そうしたブギス人の商船がシンガポールにも到来し、一八三〇年代にはシンガポールとセレベスの貿易のすべて、さらにシンガポールとボルネオの貿易の九〇パーセントは、ブギス人、マカッサル人が掌握するといわれるようになった。この頃、シンガポールには二つの貿易の季節があった。ひとつは一二月から二月頃、「ジャンクの季節」と呼ばれ、このときには北東モンスーンにのって中国、シャム（タイ）から中国人のジャンクが到来した。もうひとつは「ブギス人の季節」で、一八三〇年代にはそれぞれ三〇人くらいのブギス人、マカッサル人商人を乗せた二〇〇隻以上の帆船が毎年、南西モンスーンにのって七―一〇月頃、シンガポールに到来し、一一月、北東モンスーンのはじまりとともにボルネオ、セレベスへと帰っていった。しかし、この「ブギス人の季節」は一八三〇年代をピークに、しだいにその重要性を失っていった。そしてそれとともに、シンガポール人口に占める「ブギス人」の割合も一八二四年の一八パーセントから一八五〇年の一パーセントへと激減した。つまり、イギリスの同盟者ブギス人というラッフルズの想定は、ときとともにはずれていった。

ではなぜ中国人がイギリス人の同盟者となったのか。それにはどのような意味があるのか。まず二点、事実関係を確認しておこう。そのひとつは人口である。シンガポールの人口は一八二四年には一・一万人、一八四五年には五・二万人、一八五〇年には八万人と成長した。なんだ、ただの田舎町ではないか、と思われるかもしれない。しかし、この当時、マラヤの人口は一〇〇万以下、東南アジア有数の大都市、バタヴィア（ジャカルタ）の人口も一五万程度であった。これに照らして見れば、シンガポールの成長は驚異的なものだった。しかもシンガポールはときとともにますます中国人の町となっていった。それ

がある

シンガポール．丘の上にラッフルズのバンガロー

には総人口に占める中国人の割合を見ればよい。この比率は一八二四年には三一パーセント、それが一八五〇年には六二パーセントになった。一方、人口の男女構成はきわめていびつだった。一八三〇年当時、中国人の男女比率は女一人に対して男一一・三人、一八六〇年には女一人に男一四・四人、一八八一年になっても女一人に対し男五・一人の割合だった。つまり、ごく簡単にいえば、十九世紀、シンガポールは中国人の巨大なタコ部屋として成長した。

もうひとつ、注意すべきは貿易と財政である。シンガポールの貿易総額は、一八二五年で二六〇万ポンド、これが一八五九年にはその四〇倍、一億ポンドを超えた。これは同じ年のオランダ東インド貿易総額の三分の二であった。一方、海峡植民地政府の収入は、その三分の二が徴税請負収入であり、このうちアヘン請負収入だけで政府収入の半分を占めた。これは十九世紀を通してほぼ一定している。とすれば、こういっても誤りではないだろう。シンガポールは、ラッフルズの構想通り、東南アジアにおけるイギリス自由貿易帝国の中心として発展した。しかし、この自由貿易帝国を賄ったのは請負(独占)、それもアヘン請負収入というドラッグ・マネーだった。

ではどうしてこういうことになったか。簡単なことである。シンガポールは自由港として発展した。シンガポール貿易の拡大はその成功を示すものだった。しかし、自由港では関税収入は入らない。この当時、海峡植民地にあった国家はまだまだ小さく、よちよち歩きのリヴァイアサンといった体のものだった。たとえば、海峡植民地が東インド会社からイギリス本国の植民地省の管轄に移された一八六〇年代後半、この国家の機構を充員するスタッフの総数は兵員もふくめ三〇〇人以下だった。しかし、それでもこの国家には金がいった。問題はこの金をどこから調達するかだった。

シンガポールにはその「建設」のはじめから二つの経済が成長した。ひとつは自由港における貿易であり、ここで中心的役割をはたしたのはイギリス人地方商人と、かれらの信頼を得た主としてマラッカ出身の中国人だった。十九世紀半ばシンガポールの中国人の圧倒的多数は、シンガポールに定住しているとはとてもいえなかった。シンガポールの中国人の男女比率が一八三〇年で女一人に男一一・三人だったという事実がこれを如実に示していた。イギリス人地方商人は、こういう中国から到来したばかりの「新客」の中国人とは取引しなかった。今日、商品を引き渡して、明日、代金を受け取りに行ったら、もういなかったというのでは、リスクが大きすぎて商売にならなかったからである。その代わりに、マラッカ出身の中国人で、もうすでに何世代もマラッカに定住し、妻子もいる、またマレー語を日常語とし、片言の英語もできる、そういうイギリス人からみて「信用できる」中国人を respectable Chinese と呼んでパートナーとした。

もうひとつ、シンガポールに成長した経済は胡椒、ガンビルの栽培だった。ガンビルはつる性の木本で、その葉からとれるタンニンを主成分とする「ガンビル」は、皮なめし、褐色染料、薬用などに使われる。また十九世紀にはこの葉を煮込んで固めたものがタールの替わりに船板の継ぎ目に水漏れ防止のために使われた。中国人はラッフルズがシンガポールに到来するまえから、ここで胡椒、ガンビルの栽培をやっていた。中国人の農園主がマラッカ出身の中国人などから金を借りて苦力《クーリー》とともに、シンガポール島の内陸部で農園を開き、中国市場向けに胡椒、ガンビルの栽培を行なっていた。これがシンガポール「建設」後、大いに発展した。農園が川に沿って次々と内陸部に開かれ、一八二〇年代には現在のオーキッド通りあたりで胡椒、ガンビル栽培が行なわれ、やがて一八四〇年代頃までには土地を求めてシンガポール島からマレー半島の南端、ジョホールの地域、あるいはシンガポールの南、いまではインドネシア領のリオウ諸島へと農園が拡がっていった。

海峡植民地政府は、貿易か、胡椒・ガンビル栽培、このどちらかから金を調達するほかなかった。自由港であるかぎり、関税はとれない。とすれば、胡椒、ガンビル栽培経済から金をとるしかない。しかし、この経済は、資本、労働、市場、すべて三合会、義興会などと呼ばれる秘密結社（会党）の支配下にあった。マラッカ出身の「信用できる」中国人も農園主も苦力もすべてこうした秘密結社の構成員だった。中国人は秘密結社のネットワークにのってシンガポールに到来し、秘密結社に組織されて苦力として中国市場向けに胡椒、ガンビルの栽培を行ない、秘密結社のネットワークによって故郷へ送金した。アヘン請負その他の徴税請負が重要となったのはこのためだった。イギリス人が「信用できる」と考えたマラッカ出身の中国人が、かたちばかりの入札によって政府から一定額の権利料を支払うことでシンガポールにおけるアヘンの独占販売、賭博税の徴収などを請け負った。秘密結社がその下請けとなって胡椒・ガンビル農園で働く苦力にアヘンを販売し、賭場を経営した。こうして海峡植民地政府とマラッカ出身の「信用できる」中国人、秘密結社のあいだに同盟が成立し、よちよち歩きのリヴァイアサン、海峡植民地国家は、中国人（華僑）ネットワークから金を吸い上げて成長していった。

こうしてみれば、十九世紀東南アジアに成立したイギリス自由貿易帝国には、表の原理と裏の原理、二つの運転原理の作動していたことは明らかだろう。そのひとつ、表の原理は自由貿易主義であり、海峡植民地政府、イギリス人地方商人、そしてかれらの「信用できる」中国人がこれを代表した。もうひとつ、裏の原理は華僑のネットワークであり、十九世紀にはマラッカ出身の「信用できる」中国人と秘密結社がこれを支配した。そしてこれが海峡植民地からその外へ、マレー半島にもリオウ諸島にも拡大していった。どこでも自由貿易が表の原理となり、徴税請負（独占）とドラッグ・マネーが国家機構を賄った。このシステムは、イギリス人が秘密結社の「闇」を致し方ないものと受け入れるかぎり、存続した。しかし、二つの原理のあいだには常に緊張があった。自由主義の原理から見れば、華僑のネットワークは不透明なコネと独占そのものだったからである。したがって、やがて秘密結社同士のなわばり争いから、海峡植民地、マレー半島スズ鉱山地帯の治安が悪化すると、たちまち華僑ネットワークの「透明性」が問題とされるようになった。そしてそのとき次の世代の「自由主義プロジェクト」がはじまった。十九世紀末、二十世紀はじめ、自由貿易主義に代えて「文明化の使命」が「白人の責務」として語られるようになったときのことである。

第二章　ブギス人の海

一八一一年、イギリスのジャワ占領前夜、ラッフルズはイギリス東インド会社総督ミントー卿宛の書簡において、マラッカ海峡からバンカ、バリ、セレベスを経てニュー・ホランド（オーストラリア）に至る「新帝国」の建設を提言した。この提言においてはまたイギリスとブギス人の同盟が構想された。しかし、十九世紀半ば、シンガポールを中心に構築されたイギリス自由貿易帝国は、そうしたラッフルズの「新帝国」構想とはよほど違うものとなった。第一に、この帝国はペナン、シンガポールから香港、上海に至る海域、つまり、東インドではなく「東アジア」（世界銀行報告書『東アジアの奇跡』にいう「東アジア」）、あるいはもっと一般的な言い方をすれば東南アジアから東アジアにかけての海域に建設された。第二に、この帝国の建設においてイギリスの同盟者となったのはブギス人ではなく、ラッフルズが「新帝国」建設の敵と想定した中国人だった。シンガポールは東南アジアにおける中国人ネットワークの中心として発展し、イギリス自由貿易帝国にはその成立のはじめから中国人ネットワークが張り付いていた。

問題はこれをどう説明するかである。なぜイギリス自由貿易帝国が東インドではなく「東アジア」に構築されたか、これについてはすでに述べた。ナポレオン戦争の戦後処理においてジャワがオランダに返還された。イギリス政府はこれによって東インドへの関心を失った。

シンガポール

またちょうどこの頃からアヘンが対中貿易最大の輸出品目となった。イギリス人地方商人はもう東インド貿易によって中国市場向け物産を手に入れる必要はなく、さらにアヘン戦争以降、香港の割譲、「条約港」の設立によってイギリスの拠点が中国沿海州に設立されていった。こうしてイギリスの自由貿易帝国は東南アジアから東アジアにかけての海域に構築された。しかし、シンガポールがなぜ東南アジアの中国人ネットワークの中心として発展したのか、なぜイギリス自由貿

ラッフルズ最後の訪問時（1823年）の

易帝国にはその成立のはじめから華僑ネットワークが張り付いていたのか、これにはまだ説明がいる。

あらかじめ確認しておけば、イギリス自由貿易帝国が東インドではなく東南アジアから東アジアの海域に構築された、だからシンガポールは中国人ネットワークの中心として発展し、この帝国においては自由貿易主義と中国人ネットワークの二つの原理が同時に作動することになった、というのは説明にならない。シンガポールの貿易統計に見る通り、シンガポールはその設立のはじめから東南アジアの貿易センターとして発展し、シンガポールの貿易に占める対中貿易の割合は十九世紀を通じてせいぜい一五パーセントにすぎなかったからである。

もうひとつ、知的にもっと魅力的な説明は「朝貢貿易システム」モデルによるものである。アジアにはかつてアジア独自の国際秩序が存在した。これが十九世紀、西欧勢力の到来、イギリスの自由貿易帝国の成立によって、近代国際システムに組み込まれた。では、かつて西欧勢力到来以前に存在したアジアの地域秩序とは、どのようなものだったのか。濱下武志氏はこの問題を考えるにあたって、アジアを陸の世界ではなく一連の海からなる海域世界と捉えるよう提唱する。かれによれば、中国は歴史的にこのアジアの海の世界において朝貢貿易システムによって中華秩序を外縁的に拡大していった。そこでの要諦は、中国がその市場の魅力を朝貢貿易によって政治的、文化的権威に転化することにあった。この結果、中国が周辺諸国に比して圧倒的に強力で豊かな帝国として登場した明清時代には、中国、あるいはもっと正確にいえば、中華＝世界の中心を頂点としてアジアに宗主権的秩序が編成され、東アジアから東南アジアにかけてのアジアの海域世界では華僑商人のネットワークが朝貢貿易システムを支えることになった。

十九世紀、アジアにおける「イギリスの平和」は、なにもない空っぽの空間に構築されたのではない。そこにはすでに華僑のネットワークがあり、朝貢貿易システムがあり、宗主権的秩序があった。イギリスのインフォーマルな帝国秩序はその上にかぶせられた。とすれば、ここに成立した地域秩序、近代国家、自由貿易の制度に中国人のネットワークが張り付いたとしてもあたりまえのことである。そしてこれが欧米における近代国際秩序とアジアにおけ

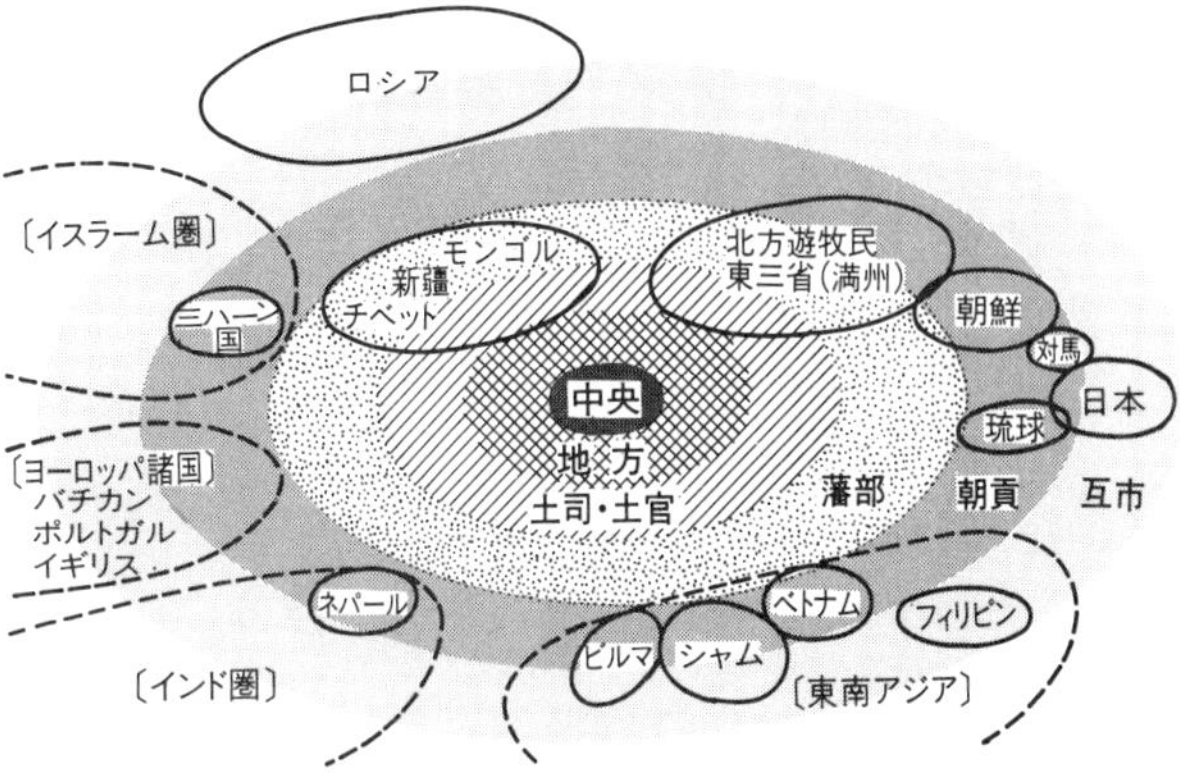

中華を頂点とするアジア地域秩序（濱下武志説）

るそれとの決定的相違をなす。これが濱下氏の議論の要点である。しかし、はたして本当にそうなのか。

あらかじめ結論を先取りしていえば、わたしはそうは考えない。濱下氏の考えるような朝貢貿易システムは十六、十七世紀頃まではあったかもしれない。しかし、十九世紀はじめ、ラッフルズがペナン、マラッカにあった頃には、そんなものはもうとっくになくなっていた。十九世紀半ば、一八二〇年代から一八六〇年代にかけて、シンガポールはたしかに東南アジアの中国人ネットワークの中心として発展した。しかし、これは華僑がこの地域において歴史的に有力な経済的地位を占め、そのネットワークが「朝貢貿易システム」を支えていたからではなかった。決定的な変化は十九世紀半ば、シンガポールの発展と軌を一にしておこった。イギリス自由貿易帝国の成立とともにイギリスと華僑の同盟が成立し、華僑の経済的発展はイギリスの帝国的利益となった。こうして華僑が経済的に力をつけ、華僑のネットワークが拡がり、シンガポールが発展した。したがって、あたりまえのことながら、この帝国においては、イギリスの自由貿易主義と華僑のネットワークを支える「関係」の原理が二つの運転原理として作動することになった。

これを論証しようとすれば、十九世紀はじめまでには「朝貢貿易システム」などもうなくなっていた、そこにあったのはそれとはおよそ別のものだった、したがって、イギリスと華僑の同盟を基礎に構築された「イギリスの平和」は過去との連続ではなく断絶を意味した、ということが示されなければならないだろう。これはラッフルズに引き付けた言い方をすれば、こうも言える。一八一一年、ラッフルズはマラッカにあってひとつの時代の終わり、新しい時代のはじまりと向き合っていた。ではこのいま終わりつつある時代に、この地域にはどのような秩序が存在したのか。それは長期の歴史の文脈のなかでどのような意味をもつものだったのか。またそうした秩序が解体し、イギリスの「新帝国」秩序が成立するとはどういうことだったのか。

マラッカの情景

一八一一年、ラッフルズは「新帝国」建設を提言し、イギリスとブギス人の同盟を訴えた。なぜか。先にも見たように、かれは中国人、アラブ人がこの地域でどのような経済的地位を占めているか、十分に承知していた。かれらは自由貿易の敵である、というのがかれの判断だった。ではかれはなにを根拠に、ブギス人との同盟を訴えたのか。

ラッフルズはもちろんこの地域の事情についてしろうとではなかった。ラッフルズがイギリス東インド会社職員としてペナンに赴任したのは一八〇五年、一八一一年までにはすでに有数の「マレー」専門家となっていた。またかれがマラッカに滞在するのも一八一一年がはじめてのことではなかった。ラッフルズがはじめてマラッカを訪れたのは一八〇七年、このときにも、またその翌年の一八〇八年にも、数カ月、病気療養のためバンダル・ヒリルの政府公邸に滞在した。

この当時、マラッカでは要塞、政府公邸、教会、倉庫、監獄、その他、公共施設の破壊が進んでいた。要塞はすでに一八〇五年に破壊された。また一八〇七年にはロンドンのイギリス東インド会社理事会がマラッカの破壊を正式に決定した。マラッカを破壊してその住民をペナンに移し、ペナンをマラッカ海峡における唯一の商業センターとする、そしてマラッカを他の西欧列強にとって使い物にならないようにしてここから撤収する、これが基本目的だった。

ラッフルズはこの決定に反対だった。一八〇七、一八〇八年のマラッカ滞在中、かれはマラッカの港を訪れてはここに到来する船の船長、商人から話を聞き、マラッカ、ジャワ、さらにはバリ、セレベス、モルッカに至る東方諸島の事情について情報を収集した。ラッフルズはこれをもとに一八〇八年、マラッカの破壊に反対する報告書をペナン知事に提出した。マラッカを破壊してもマラッカの住民はペナンには移らない、またマラッカの交易もペナンには移らない、これが報告書の趣旨だった。

なぜか。大きく二つの理由がある、とラッフルズはいう。第一に、マラッカとペナンでは住民の性格が違う。ペナンは一七八六年に設立された新しい町で、住民はすべて移民である。かれらにはペナンの町に対する思い入れもなければ、固定資産も少ない。しかし、マラッカは違う。この町の住民はすでに数世紀にわたってここに住んでいる。町は小さい。人口は二万人にすぎない。ごく少数の白人(その多くはオランダ人)とマラッカ生まれの欧亜混血、中国人、中国人とマレー人女性の混血、そしてその子孫、マレー人、ポルトガル人、アラブ人、ジャワ人、インド人、住民はこのように人種も宗教も出身地もさまざまであるけれども、人口の四分の三はマラッカ生まれの人たちである。またここにはモスク、教会、廟、邸宅、墓地、その他、人々が愛着をもつものも少なくない。たとえば、中国人はアルブケルケ指揮下のポルトガルの軍勢がマラッカをとった一五一一年当時からすでにこの地にあり、かれらの祖先はこれまで数世紀にわたってブキット・チナの中国人墓地に埋葬されてきた。

第二に、ここでの議論の上ではもっと重要なこととして、マラッカとペナンでは商業の性格が違う。マラッカにはその周辺のリオウ、リンガ諸島、ジャワ、さらにはバリ、セレベス、モルッカなどの東方諸島から、ブギス人をはじめ、多くの商人が到来する。マラッカは東インドの原住民貿易の中心地である。ペナンは違う。ペナンはインドと中国を結ぶ交易の中継地である。

それがどういうことか、それを理解するにはブギス人商人の動きを見ればよい。かれらはマカッサル、東ボルネオのパシル、バンジャルマシン、さらにはバリ、セレベス島のマンダル、スンバワなどから武装帆船に乗ってやって来る。船は南西モンスーンのはじめにこれらの港を出発し、ボルネオ、ジャワ北海岸などに立ち寄ってはつばめの巣、香料、米、タバコなどを仕入れつつ、七月から一〇月頃、マラッカ海峡に到来する。かれらはマラッカではインド産綿布、アヘンなどを購入する。かれらはもちろんペナンまで行けばもっと安くアヘンを仕入れることができるのを知っている。しかし、マラッカ海峡では風が安定せず、また九月には北西の風が吹き始める。したがって、かりにマラッカからさらに北上してペナンへ行こうとしても、その途中で風向きが変わってマラッカに引き上げざるをえないということが少なくない。こういう事情から、ブギス人の多くの船、とくに小型の船は、はじめからペナンに行こうとしない。七―一〇月頃にマラッカに到来した船もペナンには行かない。こうしてブギス人の帆船はマラッカまでは来てもペナンにはあまり行かないということになり、自然、マラッカがブギス人の商業ネットワークの要となる。したがって、ペナンの貿易振興のためマラッカの関税を重くしてもうまくいかないし、そんなことをすればブギス人商人はマラッカにもペナンにも行かず、リオウ、あるいはジャワに行くことになりかねない。

これがラッフルズのマラッカ破壊反対の論拠だった。ここに見るように、ラッフルズはもっぱらブギス人商業ネットワークに注目して、マラッカを中心とする東インドの原住民貿易を論じる。これはかれにとってはおそらく自明のことだった。というのは、かれの見るところ、ブギス人の武装帆船がマラッカに到来する船のなかで圧倒的に多かったからである。同じ報告書のなかで、ラッフルズは、ブギス人以外の船がどこから到来したか、詳細に述べる。ボルネオ、マレー半島東海岸のトレンガヌ、パハンから四、五隻、これがつばめの巣、樟脳《しようのう》、胡椒、サゴヤシ、砂金などをもって来る。またアラブ人、中国人、マレー人船長の指揮するジャワ船が米、砂糖、アラック酒、コーヒー、丁字《ちょうじ》（クローヴ）、スズなどをもって来る。さらにマラッカ周辺のリオウ、リンガ諸島、パレンバン、マラッカ海峡対岸、スマトラ東海岸のアサハンなどからの船もスズ、胡椒などをもって来る。ただし、スマトラ東海岸のシアック、ジャンビはいまオランダの支配下にあり、マラッカとの貿易は途絶している。インドからは会社の船あるいは自分たちの船に乗ってインド人商人が綿布をもたらす。シャム（バンコク）からは三、四隻のジャンクが到来する。中国からは毎年、マカオから大型のジャンクが一隻やって来る。このジャンクが来るとマラッカの町は大いに活況を呈する。周辺の港市からその土地の産物をもって多くの船がマラッカに到来する。中国人は絹、陶器、紙、タバコなどをもたらし、スズ、ラタン、つばめの巣、樟脳、胡椒などをもっていく。

これがラッフルズの描くマラッカの港の情景である。こうしてみれば、ラッフルズが東インドにおける「新帝国」建設の構想においてブギス人を同盟者と想定したことも理解できるだろう。ブギス人はマラッカを中心とする東インド貿易においてきわめて有力な地位を占めていた。これはもちろん濱下武志氏の「朝貢貿易システム」モデルを全面的に否定するものではない。このモデルからすれば、東インド貿易は中国を中心とする「朝貢貿易システム」

のサブ・システムにすぎず、これをだれが支配しているかはモデルにとって二義的重要性しかもたないからである。しかし、それにしても、次のことは確実にいえる。十九世紀はじめ、東インド貿易を支えていたのは華僑ネットワークではなく、ブギス人ネットワークだった。このネットワークはマラッカを扇の要に、マラッカ海峡からリオウ、リンガ諸島、ジャワ、ボルネオ、さらにはバリ、セレベス、モルッカの東方諸島へと拡がっていた。ラッフルズはこうしたブギス人ネットワークとの同盟によって新帝国建設、経営を構想したのだった。

「ブギス人の世紀」

ブギス人、あるいはもう少し正確にいえばブギス・マカッサル人が、マラッカ海峡からモルッカ諸島に至る東インドの海域において主要勢力として登場したのは十七世紀後半のことである。一六六八―六九年、当時、バタヴィア（ジャカルタ）を本拠にこの海域で勢力を拡大していたオランダ東インド会社は、南セレベスのボネ王国、ソッペン王国のブギス人の軍勢と同盟してゴワにあったマカッサル人王国を攻撃、征服し、ゴワとその友邦から戦いに敗れた多くのブギス人、マカッサル人の軍勢がマカッサルからジャワ、さらにスマトラのジャンビ、パレンバン、マラヤの地へと落ちていった。ブギス・マカッサル人が傭兵、商人、海賊として武装帆船に乗ってマラッカ海峡に到来するようになるのは、これがきっかけだった。ブギス人の船には、王族、貴族の「冒険者」が四〇―八〇人ほどの家の子郎党を率いて乗り組んでいた。そうした武装帆船数十隻からなる集団が商人として東インド各地の港市を訪れ、海賊として船を襲い、奴隷を狩り、またボルネオ沿岸、リオウ、リンガ諸島、マラッカ海峡などで傭兵としてマレー人の王たちの軍勢に参加した。そして十八世紀半ばともなると、そうしたブギス・マカッサル人の冒険者のなかから、マラヤ西海岸、いまマレーシアの首都クアラルンプルにあるスランゴール王国のスルタンのように、新しい土地でみずから国を建てる者も出て来るようになった。

しかし、マラッカ海峡におけるブギス・マカッサル人の擡頭ということからすれば、シンガポールのすぐ南、リオウ王国でおこったことがもっとも重要だった。リオウ王国はマラッカ王国の系譜を引くマレー人の王国で、一七二一年、国王スルタン・アブドゥル・アル・ジャリルが殺害され、王位が簒奪《さんだつ》されるという事件がおこった。このときブギス人の冒険者、ダエン・マレワの率いる軍勢がアブドゥル・アル・ジャリルの子、スライマンを戴いてリオウを取り、スライマンをジョホール、パハン、リオウの王に推戴するとともに、みずから副王としてリオウ王国の実権を握った。マラッカ海峡におけるブギス・マカッサル人の覇権はこれによって確立された。リオウはマラッカ海峡からボルネオ、南スマトラ、ジャワを経てセレベス、モルッカ諸島に至るブギス人ネットワークの中心となった。こうして十八世紀半ば、リオウにはスマトラ、ジャワ、ボルネオ、さらにはバリ、セレベス、モルッカなどの東方諸島、シャム、カンボジア、アンナン（安南）、コーチシナなどから多くの船が到来し、リオウは中印貿易と東インド貿易を結ぶ中継地となった。

ブギス人はまたリオウを本拠地として、マラッカ海峡からジャワ海に至る制海権を掌握した。十八世紀半ば、リオウは二五〇艘の軍船、一万の軍勢を擁していた。オランダ東インド会社はマラッカ海峡はもちろん、南スマトラ、ジャワ海においてもこれにまったく対抗できなかった。十八世紀半ば、マラッカにある会社の兵力は五〇〇人以下にすぎなかった。また一七四四年には、ときのオランダ東インド会社総督ファン・イムホッフが、リオウ国王スルタン・スライマンに抗議の書簡を送付した。リオウのブギス人がオランダ東インド会社の免許状なしにボルネオ、セレベスなどの港市において交易を行なっている、それどころか最近ではほとんど毎年、ブギス人の船がジャワ北海岸に到来してインド綿布、アヘンを販売し、ときにはバタヴィアのすぐ近く、バタヴィア要塞からすぐのところで海賊行為を行なっている、これはけしからん、なんとかしてほしい、という趣旨だった。

つまり、ごく簡単にいえば、東インドの海域世界において、十八世紀はブギス人の世紀だった。ブギス人の武装帆船がこの地域の制海権を掌握し、ブギス人の商人が東インド貿易を支配した。イギリス人地方商人は十八世紀後半、このブギス人のネットワークと連係することによって東インド貿易に参入した。鍵はアヘンだった。イギリス人地方商人は一七六〇年代、アヘンを東インド貿易にもちこみ、これでスズを調達した。イギリス人地方商人の調達したスズは一七七〇年代にはすでにオランダ東インド会社のスズ調達量を凌駕するようになった。しかし、これは長く続かなかった。一七八〇年代、イギリス人地方商人とブギス人の同盟を怖れたオランダ東インド会社は本国から艦隊を派遣し、リオウを占領した。十八世紀半ば、リオウの軍勢一万のときにも、ブギス人勢力はオランダ支配下のマラッカを取れなかった。一方、オランダの艦隊は十八世紀末、リオウを取り、これによってリオウにあったブギス人の軍勢はマラッカ海峡、南スマトラ、ボルネオの各地へ落ちていった。

ラッフルズはそうした「ブギス人の世紀」の終わりにマラッカ海峡に到来した。あるいはもっと正確にいえば、イギリス東インド会社はそうしたひとつの時代の終わりにペナンを設立し、オランダからマラッカを取り、この地域の秩序をますます混沌に陥れていった。ラッフルズの述べる通り、東インド貿易を支配しているのはブギス人のネットワークだった。しかし、この時期、もうだれもこの海域を掌握しておらず、「海賊」が各地に跳梁《ちょうりょう》していた。たとえば、一七九〇年、ケダのスルタンが設立まもないペナンを攻撃したときには、イラヌン人の軍船、約五〇隻、一〇〇〇人の軍勢がケダのスルタンに加勢した。イラヌン人はミンダナオの「海賊」で、本来、ボルネオの沿海を荒らしていたが、この頃にはパレンバンからランプンに至る南スマトラ沿海部、あるいはバンカ、ビリトンなどでも活発に活動するようになっていた。またリオウを追われたブギス人の軍勢も、あるいはマラッカ海峡で、あるいはボルネオで各地のスルタンの傭兵となり、武装帆船をかって「海賊」行為を行なった。東インドの海域世界に「大王」が現れてそうした軍勢を糾合すれば王国は栄え、この地域には安定と繁栄がもたらされる。しかし、そうした「大王」がいなければ、秩序は乱れ、海賊が跳梁する。イギリス東インド会社総督ミントー卿が「大王」となる、そしてブギス人と同盟し、「新帝国」を建設する、これがラッフルズが引き出した歴史の教訓だった。

歴史のリズム

さてそれでは十八世紀の「ブギス人の世紀」は、より長期の東南アジア史の文脈のなかではどのような意味をもつだろうか。ラッフルズの引き出した歴史の教訓はそうした歴史の文脈においてみればどう評価できるのか。

東南アジアは本来、東アジア、南アジアと比較してはるかに人口の少ない地域だった。オーストラリアの歴史家アンソニー・リードの推計によれば、一六〇〇年当時の人口は、シャム（タイ）二二〇万、マラヤ五〇万、スマトラ二四〇万、ジャワ四〇〇万、ボルネオ六七万、セレベス一二〇万であった。煩瑣を避けるためいちいち数字は挙げないが、これらの土地の人口は一八〇〇年になってもシャム三五〇万、マラヤ五〇万、ジャワ五〇〇万、とそれほど変わっていない。つまり、東南アジアは十九世紀半ば頃まで、見渡すかぎり水と森の拡がる人口稀少地域であり、ただ海上交通、河川交通の要路にマラッカ、パレンバン、マカッサルといった港市が成立し、また生活しやすく土地の豊かな地域、たとえば中・東部ジャワ内陸部のブランタス川の流域、上ビルマ、マンダレーの地域、西スマトラの高原地帯、そういった土地で水稲耕作を基礎に人口の集住がおこったにすぎなかった。

したがって、東南アジアは歴史的にそういった港市や人口の集住地があちらこちらにあって中心となる「多中心」の地域だった。そうした港市、人口の集住地にカリスマ的な「力」をもつ人物が現れ、これが「王」となってマレー世界のヌガラ、タイ世界のムアンなどと呼ばれる「国」を建てた。そうした「王」のなかからやがて並外れた「力」をもつ者が現れ、

「大王」として「王」たちに号令を掛けるようになると、このとき「帝国」が成立した。東南アジア史の泰斗、オリヴァー・ウォルタースは、こうした東南アジアに固有の政治システムを「まんだら」システムと呼ぶ。まんだらとは「王たちの輪」の意味である。

この政治システムは、われわれのいう国家（近代国家）とはおよそ別のしろものだった。「王」「国」「大王」「帝国」といちいち括弧に括り、政治システムなどともって回った言い方をするのも、それ以外にわれわれが通念としてもっている国家とこれが別物であるということを示すうまい方法が思いつかないからである。

ではどう別物だったのか。第一に、近代国家は国境によって定義される。これに対し、まんだらシステムは中心によって定義された。大王は比喩的にいえば磁石のような存在だった。大王から磁力が投射され、かれを中心に磁場が形成される。磁場にはひとつの秩序がある。それと同じように大王を中心に各地の王たちのあいだにひとつの秩序が構成される。これが「まんだら」である。したがって、まんだらシステムに国境はなく、もちろん内政と外交の区別もなかった。まんだらは大王から投射される「力」が強ければ拡大し、弱ければ収縮する、そして大王の「力」が消滅すればまんだらは崩壊する。

第二に、まんだらシステムを支える大王と王、王と家臣の関係は、親族、婚姻関係などの

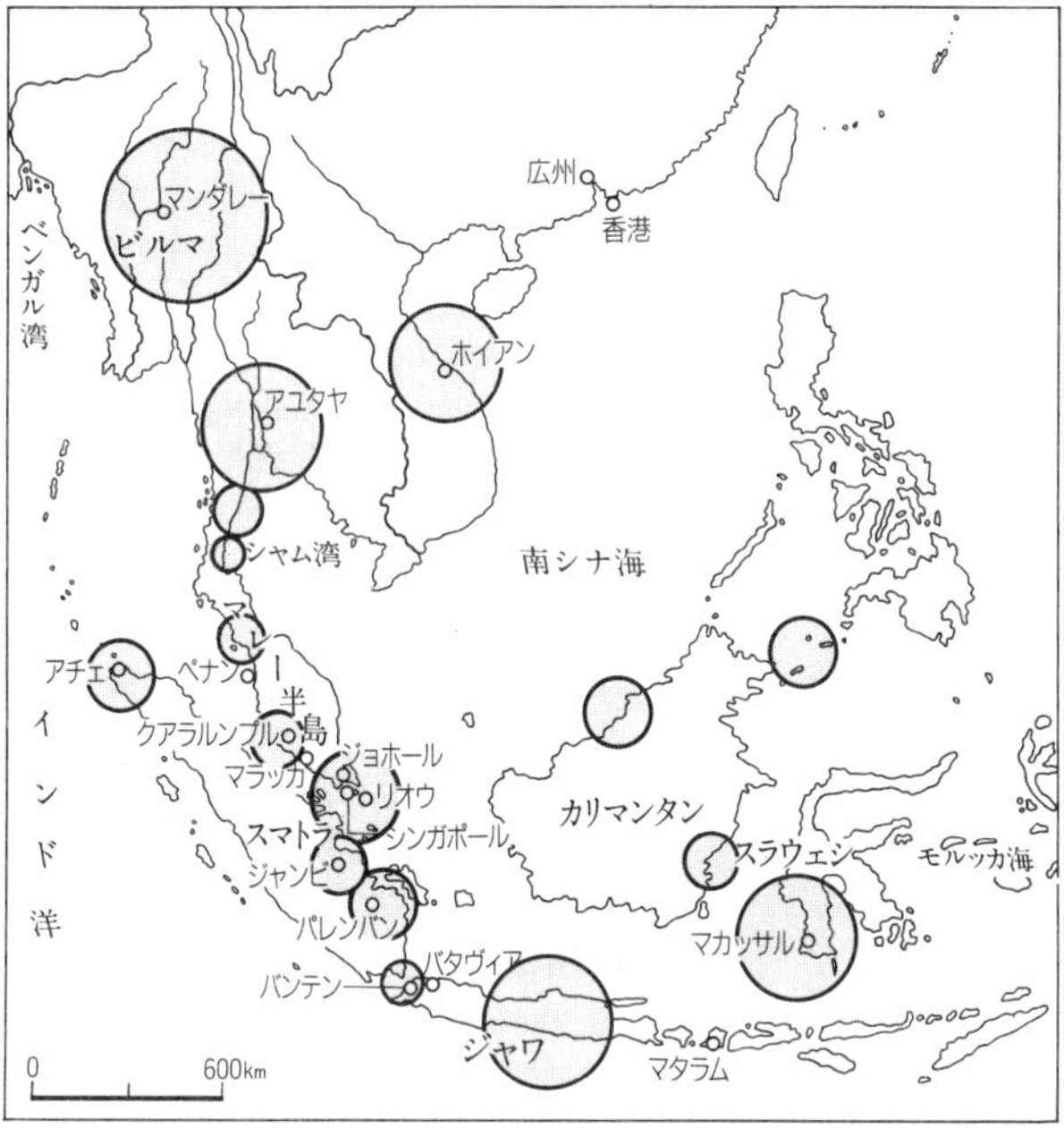

東南アジア世界、「海のまんだら」と「陸のまんだら」（モデル）

社会組織に埋め込まれていた。その意味で、王が国を建て、大王が王たちに号令をかけるといっても、ここでいう「国」は支配の機構、装置としての近代国家とはまったく別物だった。東南アジアにおいては近代国家は十九世紀、外から、また上から、異物として移植された。それが歴史的にどういう意味をもったか、これについてはあらためて述べる。とりあえずここで確認しておくべきことは、十九世紀はじめ、ラッフルズがマラッカにあって「新帝国」建設の提言を記していた頃には、そうした近代国家はまだよちよち歩きをしはじめたばかりであり、かれが「マレーの国々」と呼ぶものはそれとはまるで違うものだったということである。

まんだらシステムには大きく二つのタイプがあった。そのひとつは、東南アジアの海域にあって海上交通、河川交通の要衝を占め、かつてパレンバンの地を王都としたシュリヴィジャヤ、マラッカのように東インド貿易、中国・インド・中東を結ぶ遠隔地貿易の中継地として栄えた「海のまんだら」である。もうひとつは、中部ジャワ内陸部、現在のジョクジャカルタ、スラカルタの地域を中心としたマタラム王国、上ビルマ、マンダレーの地域を中心としたコンバウン王国など、水稲耕作を基礎に人口の集住する地域で、人的資源の支配によって栄えた「陸のまんだら」である。

ウォルタースはこの二つのまんだらシステムの相互作用に注目して、東南アジアの「歴史のリズム」をこう語る。歴史的に東南アジア最大の市場は中国だった。ところで中国歴代王朝においては一般に、王朝隆盛のときには朝貢貿易が行なわれ、衰えるにつれて私貿易が活発化する傾向がある。たとえば十四世紀、元《げん》末、明《みん》初には大いに私貿易が行なわれたが、鄭和《ていわ》の遠征の頃から朝貢貿易が主体となり、やがて十六世紀、明の衰えるにしたがって再び私貿易が活発化した。私貿易においては商人は中国から自由に東南アジア各地の港市に到来する。一方、朝貢貿易においては中国より朝貢国と認定された国だけが中国との貿易を許され、私貿易はその一環として行なわれる。こうした貿易を実際に行なったのは中国人の商人だった。かれらは朝貢国と認定された港市を拠点として対中貿易を行ない、やがて髪型を変え、服装を変えて、王の家臣としてジャワ人、シャム人などになっていった。海のまんだらはそうした港市の王が華僑のネットワークを手なずけ、大王としてその周辺の港市の王たちを従えることで成立した。十五世紀、明の盛期におけるタイのアユタヤ、マレー半島、現在では南タイにあるパタニ、マラッカ、東ジャワ北海岸のグレシックとデマックなどがその例である。

ところが、中国で王朝が衰え私貿易が拡がるようになると、中国人の商人は自由に東南アジアのどこの港市にもやって来るようになる。これではいかなる港市も対中貿易を独占できない。海のまんだらは衰える。こうした中国王朝交代のリズムと海のまんだらの盛衰が海のまんだらと陸のまんだらの相互作用にも影響を及ぼす。海のまんだらの有力な時代には沿海の港市は陸のまんだらに対して自立的な地歩を維持できる。しかし、海のまんだらが衰え、沿海地域の国々が四分五裂の状態となると、陸のまんだらが沿海地域に勢力を拡げ、ときには港市を破壊してしまう。これがウォルタースのいう東南アジアの歴史のリズムである。かれはシュリヴィジャヤ、マラッカの盛衰をこうした中国の王朝交代のリズム、海のまんだらの盛衰、そして海のまんだらと陸のまんだらの競合によって説明した。

こうしてみれば、ポルトガルのマラッカ占領（一五一一）がどのような歴史的意義をもったか、おそらく明らかだろう。ポルトガルの勢力は別に東インドの海を制圧したわけではない。しかし、かれらは海のまんだらの成立を妨げ、ウォルタースのいう東南アジアの歴史のリズムを破壊した。十六世紀、ポルトガルのマラッカ占領によってマラッカ海峡周辺の政治経済地図に大きな変化がおこり、マレー半島南端のジョホール、東海岸のパハン、スマトラ北端のアチェ、西ジャワのバンテンなどがマラッカの「潜在的後継者」としてタイのアユタヤ、ベトナムのホイアン、ブルネイ、マカッサルなどと並んで新しく交易センターとして登場した。これらの港市はすべて海上交通と河川交通の要衝を占め、アチェ、バンテンなどは一〇万を超える人口を擁した。しかし、これらの港市はいずれもシュリヴィジャヤ、マラッカに比するような、海のまんだらをつくることができなかった。ポルトガルのマラッカを取れなかったからである。そして十七世紀ともなれば、オランダ東インド会社の勢力はバタヴィアを本拠にマラッカ、バンテン、マカッサルなどを次々と取り、また華僑ネットワークを自分たちの陣営に抱き込み、新しい海のまんだら建設の可能性をますます破壊していった。

同じことは陸のまんだらについてもいえる。十六―十八世紀、ポルトガルの勢力はもちろんオランダ東インド会社も、東南アジアの広大な領域を支配する力はなかった。しかし、アチェ、ジョホールの軍勢がついにポルトガルのマラッカを取れなかったように、西ジャワのバンテン、中・東部ジャワ内陸部のマタラムもバタヴィアを取れなかった。たとえば、十七世紀前半、マタラムの王、スルタン・アグン（在位一六一三―四六）は数万の軍勢を擁し、ジャワ北海岸の港市国家、デマック、クドゥス、ジェパラ、スラバヤなどを次々と征服して破壊した。これによって陸のまんだら、マタラムは中・東部ジャワを制覇した。しかし、バタヴィアは取れなかった。取ろうとしなかったのではない。一六二八―二九年、スルタン・アグンは数万の軍勢を派遣してバタヴィアを攻めた。しかし、取れなかった。マタラムの軍勢は兵站《へいたん》を船に依存し、これがオランダ東インド会社海軍によって破壊されたからだった。

これが東南アジアと東アジアの決定的な違いをもたらした。東アジアでは日本が一六三五年に鎖国に転じ、また中国では十七世紀後半、鄭成功《ていせいこう》が台湾からオランダの勢力を放逐し、そのあと清が海禁政策を導入した。こうして東アジアは近世国家のヘゲモニーの下で外界から閉じた。これがおそらく「朝貢貿易システム」が東アジアにおいて十九世紀まで生き延びた大きな理由だった。これに対し、東南アジアでは、海のまんだらも陸のまんだらもポルトガル、オランダ東インド会社の勢力を放逐することができなかった。東南アジアは外界から閉じなかった。閉じることができなかった。ポルトガルもオランダの勢力も東南アジアに新しい秩序をもたらしたのではない。これらの勢力は東南アジアに固有の秩序を解体し、この地域を混沌に陥れた。「朝貢貿易システム」はこの時代に解体した。華僑ネットワークは寸断された。武装帆船に乗り組み、傭兵として、商人として、海賊としてこの海域を徘徊《はいかい》するブギス人の勢力は、まさにそうした混沌の時代の産物だった。

こうしてみれば、十九世紀はじめ、ラッフルズがマラッカにあっていかなる意味でひとつの時代の終わり、新しい時代のはじまりを見ていたか明らかだろう。かれは東インドの混沌の時代に終止符を打ち、ブギス人に海のまんだらをつくらせることでイギリス自由貿易帝国を建設することを考えた。しかし、ジャワがオランダに返還され、マカッサル、リオウがオランダの支配下におかれてみれば、ブギス人に海のまんだらをつくる力のないことはもう明らかだった。王国を建てることのできない「冒険者」は「海賊」になるほかない。イギリス東インド会社はそんなものを必要としなかった。イギリス自由貿易帝国の成立とともに混沌の時代は終わり、近代がはじまった。歴史のリズムは忘れ去られ、リヴァイアサンがまんだらにとって代わるようになった。

第三章　よちよち歩きのリヴァイアサン

シンガポールは一八一九年、ラッフルズによって「建設」された。ついで一八二六年、シンガポール、マラッカ、ペナンを合わせ、海峡植民地が編成された。十九世紀東南アジアのイギリス自由貿易帝国はこの海峡植民地を中核に構築された。イギリス東インド会社が出先機構を設立し統治したのは海峡植民地だけだった。しかし、イギリスの力はここからその周辺に投射された。イギリスの艦艇がここを拠点にマラッカ海峡から南シナ海にかけての海域を遊弋《ゆうよく》し、中国人の秘密結社のネットワークがここからその周辺、マレー半島、スマトラ東海岸、リオウ諸島へと珊瑚礁のように拡がった。

これがイギリス非公式帝国だった。今日この地域に存在する二つの国家、シンガポール国家とマレーシア国家はこのイギリス非公式帝国の形成期、海峡植民地に生まれ、よちよち歩きをはじめたのだった。さらにまたこの時期、今日のインドネシア、フィリピン、タイの地域でも、イギリス自由貿易帝国の形成に対応してオランダ東インド国家、フィリピン国家、チャクリ王朝国家の近代国家への変貌がはじまった。

よく知られるように、リヴァイアサンとは近代国家の喩えである。われわれは近代国家というとすぐマックス・ウェーバーが国家を定義して述べたようなまことに国家らしい国家、威風堂々たる主権国家を想起してしまう。しかし、そういう国家にもかつてはどこかこっけいなよちよち歩きの時代があった。ではこの時代、シンガポール、マレーシア、インドネシア、フィリピン、タイなどの国家はどのように近代国家として成長をはじめたのか。

近代国家とはなにか

「国家」は「文化」「社会」などと同様、便利ではあっても、これを単純明快に定義するのはそう簡単ではない。これはひとつには「国家」が「乗り物」と同じくらい抽象度の高い概念であるためだろう。かりに「乗り物」を「自分の足を使わない人間の空間的移動手段」と定義すれば、「乗り物」のなかに肩車、駕籠《かご》からスペース・シャトルまですべて入ってしままう。それと同様、国家を「支配のシステム」とでも定義すれば、そこには古代律令国家から東南アジアのまんだら、ローマ帝国から今日の近代国家まで、すべてが「国家」の範疇に括られる。そうした「国家」についてなにか一般的に論じることに意味がないとはいわない。しかし、ここでの目的はそういうことにはない。東南アジアには今日、タイにも、フィリピンにも、シンガポールにも、それぞれ違う個性をもちながら、それでも、われわれが見て、ああ、これはたしかに国家である、とわかるような国家がある。では、われわれはどうしてこういう国家をみて、ああ、これは国家であるとわかるのか。こういう国家はどのような特徴を共有しているのか。

ビルマの初代首相ウ・ヌーはその自伝において、一九四八年のビルマ独立に際し、かれが首相として英国から継承した国家を自動車に喩える。

「はからずもわたしが首相となり、自動車の運転席に座ることになった。しかし、わたしには自動車の運転はこれがはじめてのことで、もうそれだけでも大変なのに、この自動車のなんたる有様か、タイヤはパンクしオイルは切れラジエーターは壊れている。しかも道路はおそろしく悪い」

これと同じ精神でシンガポールの元外相ラジャラットナムは、シンガポール国家を超音速のジェット戦闘機に喩える。近代国家はジェット戦闘機のようなものである。それは高度に自動化され、さまざまの安全装置が着いている。しかし、それでも、戦闘機の能力をフルに発揮しようとすれば、十分に訓練されたパイロットが操縦しなければならない。だから、とラジャラットナムは言う、われわれはリー・クアンユーを必要とする。

こうしてみれば、近代国家をごく単純に「支配の機構、装置」と定義してよいだろう。国家は国民とは違う。国民が「想像の共同体」、つまり、人々の心のなかに想像されたものであるとすれば、国家は社会学的実体であり、教会、大学、企業などと同様、ひとつの制度、機構である。国家はそうした機構として独自のスタッフをもち、スタッフは年齢、教育、性別などの規則に応じて機構に「入り」またやがてそこから「出て」いく。また国家は機構としてそれ独自の記憶と自己保存、自己増殖の衝動をもっている。

こうした支配の機構、装置としての近代国家は、東南アジアでは十九世紀、イギリス自由貿易帝国の時代に誕生した。自生的に成立したのではない。外から異物として持ち込まれた。それがどれほど異質なものであったか、それを見るには、リヴァイアサンを東南アジアに自生的な政治システム、オリヴァー・ウォルタースのいう「まんだら(王たちの輪)」と比較すればよい。

まんだらについてはすでに述べた。東南アジアは歴史的に多くの中心からなる地域だった。そういう交通の要路、人々の集住する土地になみはずれた「力」をもつ人物が現れると、この人物が「王」となってヌガラ、ムアンなどと呼ばれる「国」を建てた。まんだらは、そうした「王」のなかから「大王」が現れ「王」たちに号令を掛けるようになったときに成立した。したがって、まんだらに国境は存在せず、まんだらは中心によって定義された。王と王宮と王都は世界の中心であり、まんだらの秩序とは世界の秩序そのものだった。またまんだらを支える支配・服従関係は、親族・婚姻関係を基礎とする社会組織に埋め込まれており、まんだらはそうした社会組織とは別の原理によって編成されていたわけではなかった。さらにまた、まんだらには、その支配下の住民をトータルに、体系的に掌握するといった思想も能力もなかった。「王は虎、民は森」というジャワ古典のことばに示されるように、まんだらは秩序に意味を付与するものではあっても、住民の生活に日々大きな影響を及ぼすといったものではなかった。

これと比較すれば、「自動車」「ジェット戦闘機」などに喩えられるリヴァイアサンがいかに異質なものか、明らかだろう。まんだらが社会組織に埋め込まれていたとすれば、支配の機構、装置としての近代国家はまさに異物として、外から、上から、東南アジアに移植された。まんだらにおいて、親族・婚姻関係のネットワークがシステムを構成したとすれば、近代国家のスタッフはまさに官僚として、社会組織とは別の原理によって充員され、国家は、法律、地図、住民台帳、土地台帳、貿易統計などの新しい「技術」によってその支配下の領域と住民をトータルに捕捉しようとした。まんだらが中心によって定義されたとすれば、近代国家の領域は国境によって定義され、この截然と定義された領域の内部では国家の力が均質に行使されるものとされた。そしてまんだらが秩序に意味を付与したとすれば、近代国家にはいかなる存在論的意味も存在しなかった。それはウ・ヌーの比喩を借用していえば、自動車になんの存在論的意味もありえないのと同じことだった。

そういう国家が十九世紀、東南アジアに生まれ、よちよち歩きをはじめた。ではそれはどのように成長したのか。そうした国家の登場によってなにが壊され、なにがもたらされたのか。

海峡植民地国家

まずは海峡植民地国家（未来のシンガポール＝マレーシア国家）である。この国家はやがてシンガポール国家とマレーシア国家に発展する。この国家が正確にいつ誕生したかを確定するのはそれほど簡単ではない。しかし、この国家がペナン建設（一七八六）、シンガポール建設（一八一九）、海峡植民地の編成（一八二六）などをへて、よちよち歩きをはじめたことはまちがいない。

この国家は主権国家ではなく植民地国家だった。海峡植民地は一八五八年までイギリス東インド会社の管轄下におかれ、同年、会社の解散とともにイギリス政府インド省の所管、さらに一八六六年には植民地省の管轄下におかれた。

この国家はまた小さい国家、あるいはもっとなじみの表現を使えば小さい政府だった。一八二六年、海峡植民地編成当時、政府定員は理事官一名、評議員三名をふくめ合計一四名、これに加え約六〇名の定員外職員がいた。また軍隊はヨーロッパ人砲兵一七名、マドラス歩兵三〇名、その他に蒸気軍艦一隻、政府帆船二隻だった。これは海峡植民地が植民地省の管轄に移された一八六六年になってもそれほど変わらず、この年の政府定員はやはり一四名、その他に定員外職員三〇六名がいた。しかし、それでもこれはれっきとした国家だった。理事官（一八六六年からは総督）を首班とする政府があり、国家官房、主計局、国税局、会計監査院があり、陸海軍があり、そしてシンガポール、マラッカ、ペナンの行政をそれぞれ担当する評議員がいた。

東南アジアにおけるイギリス自由貿易帝国の中核、海峡植民地は自由港として発展した。しかし、自由港では関税収入が入らない。いかに小さな国家といっても国家には人件費をはじめ、金がいる。海峡植民地国家はこれを中国人の経済活動から調達した。シンガポールにおいては胡椒、ガンビル栽培がそれだった。アヘン請負をはじめとする徴税請負がその手段となった。イギリス人の「信用できる」中国人が、入札によってアヘンの独占販売を請け負う。中国人の秘密結社が下請けとなって、胡椒・ガンビル農園で働く中国人の苦力《クーリー》にアヘンを販売する。政府はこうした徴税請負制度によって政府収入の五〇パーセントを超える収入を手に入れた。

ラッフルズの同僚でシンガポールの財政的基礎をつくったジョン・クローフォードは、かつて「ひとりの支那人」は「少なくとも（インドの）コロマンデル海岸出身の原住民ふたり、マレー人四人に相当する」と述べた。もちろん国家経営の観点からすればの話であり、海峡植民地政府はこの精神にしたがって中国人移民の流入を大いに奨励した。そしてこれがイギリス自由貿易帝国の繁栄をもたらした。たとえば、シンガポールの胡椒・ガンビル農園は一八一九年には二〇だったものが、一八三九年には三五〇、一八四八年には六〇〇と増加し、さらにこの頃からシンガポールの対岸、マレー半島南端のジョホールに拡がっていった。十九世紀を通じ海峡植民地には毎年数万からときには数十万に達する中国人移民が流入した。もちろんそのすべてが定住したのではない。おそらく五人に四人は数年の労働のあと、故郷に戻ったであろう。しかし、それにしても、こうしたきわめて多数の中国人移民の流入によって胡椒・ガンビル農園が拡がり、スズ鉱山が開発され、商業が繁栄し、中国人のネットワークが海峡植民地からその周辺、マレー半島、リオウ諸島、スマトラ東海岸へと拡大していったのだった。

しかし、これがまた大きな問題をもたらした。福建省、広東省から毎年きわめて多数の中国人が海峡植民地に到来し、さらにそこから周辺地域に流れていく。これによって経済が繁栄し、海峡植民地政府の収入が伸びる。これは大いに結構な話である。しかし、一口に中国人といっても、これらの人々はその出身地によって言語も違えば風俗慣習も違う。かれらはまた義興会、海山会、太伯公会などといった秘密結社に組織され、これらの秘密結社はアヘン請負、スズ鉱山の利権などをめぐって常に対立、抗争した。したがって、中国人のネットワークを手なずけるといっても、政府がアヘン請負その他の徴税請負によって中国人の経済活動から金を吸い上げるというだけではすまなかった。必要とあれば実力をもって秘密結社を取り締まる、中国人の有力者を海峡植民地から追放する、それによって海峡植民地国家の権威を確立する、そういうことが要請された。

これはそれほど簡単なことではなかった。一八六〇年代半ばまで海峡植民地政府には中国語(あるいはもっと正確にいえば、福建語、広東語、潮州語、客家《ハッカ》語、海南語)を理解するイギリス人官吏はひとりもいなかった。また十九世紀半ば、ときのシンガポールの警察長官が述べたように、現有の警察力で秘密結社を取り締まることは不可能だった。しかし、海峡植民地では秘密結社の抗争が間歇的におこった程度のことだった。もっと大きな問題は海峡植民地の周辺、イギリス非公式帝国の珊瑚礁の領域にあった。中国人の流入にともないその経済活動は海峡植民地からその外へ、マレー半島、リオウ諸島、スマトラ東海岸に拡大していった。海峡植民地国家と同様、この地域の「マレーの王たち」も中国人のネットワークを手なずけようとした。しかし、できなかった。そしてこれが問題を引き起こした。

この時代、「マレーの王たち」は大きな転換期に直面していた。一八二〇年代、海峡植民地の編成とともに海賊取り締まりが重要課題となり、一八三〇年代半ば、海峡植民地に蒸気軍艦が配備された。これがまだ帆船の時代の海賊の取り締まりに大きな効果をあげた。またこの頃、海峡植民地政府とオランダ東インド政府のあいだで、海賊の拠点一掃について協力協定が結ばれた。こうして一八四〇年代には海峡植民地周辺の海域から海賊は姿を消し、マ

イギリスのカリマンタン（ボルネオ）での海賊鎮圧風景

レー人、ブギス人、イラヌン人などが数十艘の武装帆船をかって商人、海賊、傭兵としてマラッカ海峡、南シナ海、東インドの海域を彷徨《ほうこう》する、そういう時代は終わりを告げた。

十九世紀半ば、ブギス人の「冒険者」、イラヌン人の「海賊」、「マレーの王たち」はこうして陸に上がったカッパのような有様となっていた。ところがちょうどこの頃、マレー半島でかれらに新しい活動の舞台が現れた。それがペラ、スランゴールなど、マレー半島西海岸におけるスズ鉱山の開発であり、シンガポールの対岸、ジョホールにおける胡椒・ガンビル農園の発展だった。マレー人、ブギス人、イラヌン人などが直接、スズ鉱山の開発、農園の経営にあたったというのではない。そういうことはすべて中国人が行なった。シンガポール、ペナンのイギリス人地方商人とそのパートナーの中国人が資金を提供する。義興会、海山会などといった中国人の秘密結社の頭目が鉱山開発の資材と労働力を調達する。鉱山主が中国人の苦力を使って鉱山の開発を行なう。マレーの王たち、あるいはブギス人の冒険者は、海峡植民地の資本家、中国人の秘密結社にスズ鉱山の鉱区を提供し、海峡植民地政府にならってアヘン販売、アルコール販売、賭博などを任せる。そして徴税請負制度によって中国人苦力から金を吸い上げる。これが一般的形態だった。

こうしてみれば、スズ鉱山の支配をめぐり海峡植民地のイギリス人、中国人資本家、中国人の秘密結社、マレーの王たち、ブギス人の冒険者などが抗争したとしても、ごくあたりまえのことだろう。王位継承問題が多くの場合、そのきっかけとなった。ただし、誤解のないよう付け加えておけば、十九世紀半ば、ペラ「王国」、スランゴール「王国」などの「原住民」人口はたかだか二、三万人程度であったから、「王」といってもたかが知れていた。しかし、それでも、理論的には、この「王」がスズ鉱山の鉱区の所有者であり、「王国」の主権者だった。したがって、王位継承問題がおこると、マレーの王たち、ブギス人の冒険者たち、イラヌン人の傭兵たちはそれぞれに王を擁立して争い、これに海峡植民地の資本家、秘密結社が荷担して資金、兵力を提供した。

マレー半島西海岸、ペラ、スランゴールなどの地域ではこうして、一八五〇年代、六〇年代に王国の秩序は崩壊し、そうしたイギリス自由貿易帝国周辺地域における内戦が海峡植民地の治安を脅かした。そしてこれが一八七〇年代、海峡植民地政府によるマレー王国への介入、イギリスの「非公式」な自由貿易帝国の「公式」帝国への転換をもたらすことになった。

ではイギリスは「介入」によってなにを行なったのか。理事官（司政官）を派遣し、警察力を導入して秩序を回復し、王から徴税請負を取り上げて国税、主計部門を掌握し、リヴァイアサンの編成に着手した。海峡植民地政府はこれをすべて「マレーの王」（ペラ国王、スランゴール国王など）の名のもとに行なった。マレー半島西海岸ではこの頃までにすでに中国人の人口は「マレー人」の人口より大きくなっていた。しかし、それでもこれらの王国が「マレー人」の王国であるとのフィクションは維持された。そしてこれがやがてマラヤ（マレーシア）独立とともに「マレー人優先政策」のもっとも重要な根拠となる。しかし、それはいずれ先の話である。ここでの議論にとってもっと重要なことは、中国人移民の流入がこの地域の経済的繁栄の鍵だったということであり、そうした中国人を手なずけ、イギリスのヘゲモニーを担保したのは、よちよち歩きのリヴァイアサン、イギリス海峡植民地国家だったという事実である。

オランダ東インド国家

海峡植民地を中核とするイギリス自由貿易帝国の成立は、東南アジアの政治経済秩序に大きな変化をもたらした。バタヴィアのオランダ東インド国家、マニラのフィリピン国家、あるいはバンコクのチャクリ王朝国家にはイギリスのヘゲモニーに挑戦する力はなかった。しかし、そうはいっても、イギリスの自由貿易主義をそのまま受け入れるわけにもいかなかった。ではどうするか。十九世紀半ば、一八二〇年代から六〇年代にかけて、オランダ東インド国家とスペイン・フィリピン国家、さらにここでは述べないけれどチャクリ王朝国家(未来のタイ国家、これについては第七章参照)はこれを主たる課題として近代国家へと変貌していった。

まずオランダ東インド国家、未来のインドネシア共和国国家から検討しよう。この国家が誕生したのは、イギリス海峡植民地国家誕生のはるか以前、十七世紀はじめ、ヤン・ピーテルスゾーン・クーンがジャカトラ(バタヴィア)の地にオランダ東インド会社の本拠を定めたときのことだった。オランダ東インド国家はその意味で徳川幕藩体制国家とほぼ同じ頃の生まれであり、徳川幕藩体制国家が近代国家ではなかったのと同様、しかし、それとは違う意味で近代国家ではなく、十七世紀から十九世紀にかけて、ヨーロッパの外、西インド、東インドの地で、会社でありながら国家のように振る舞った「会社国家」のひとつだった。しかし、オランダ東インド会社は十八世紀末に破産し、一八一〇年代はじめには東インドはイギリスの占領下におかれた。この国家がしだいにリヴァイアサンへと変貌をはじめるのはそのあと、ジャワがオランダに返還された一八一〇年代半ば以降のことだった。

しかし、東インド国家の生育環境は、海峡植民地国家とはかなり違っていた。海峡植民地はイギリスにとってごくマージナルな意味しかもたなかった。だから、海峡植民地政府はイギリス東インド会社（一八六七年以降はイギリス政府）に大きな財政負担をかけないかぎり、かなり好きにやれた。これに対し、ジャワはオランダのもっとも重要な植民地だった。オランダの繁栄と威信はジャワにかかっており、ジャワ植民地経営の問題は常にオランダ政治における一大争点だった。これはジャワがオランダに戻された一八一〇年代半ばから一八三〇年代はじめの時期にことにそうだった。この当時、オランダはナポレオン戦争と占領によって荒廃し、一八三〇年、工業地帯のベルギーがオランダから分離・独立したことで経済的危機はますます深刻なものとなった。ジャワをどうやってもうかるところにするか、これが当時、オランダ政治最大の問題となっていた。

ではどうするか。かりにイギリスの主張する自由貿易体制を受け入れればオランダに勝ち目はなかった。たとえば、一八一九年、シンガポール建設の年にバタヴィアに到来した商船一七一隻のうち、英国船六二隻、米国船五〇隻に対し、オランダ船は一九隻にすぎなかった。また一八一〇年代、二〇年代にはオランダ東インド国家は毎年、イギリス人商社からの借金によって財政赤字を賄っていた。こういうところでイギリスの自由貿易主義を受け入れれば、ジャワがイギリス人地方商人、かれらと同盟した中国人の支配するところとなることはほぼ確実だった。そうならないようにする、そしてジャワをオランダにとってもうかるところにする、それにはどうすべきか、これがオランダ政府、オランダ東インド政府の課題だった。

オランダの東インド経営の基本はこうした条件の下で定められた。自由貿易でイギリスに対抗できなければ保護主義しかない。ジャワは、海峡植民地とは違い、豊かな土地と人口に恵まれている。一八〇〇年、ジャワにはすでに五〇〇〇万の人口があった。ジャワ全土を囲い込み、ジャワの農民にかれらの土地で税金の代わりに労働力を負担させて砂糖、インディゴ、タバコなどのヨーロッパ市場向けの熱帯農産物を生産させる。そしてこれをオランダの王立商社が独占的にヨーロッパ市場で販売する。強制栽培制度と貿易独占の組み合わせ、これが基本だった。幸いオランダはヨーロッパの中心に位置し、商品の販売に問題はなかった。問題は生産にあった。ジャワを一大国営農場に転換し、農民を強制して熱帯農産物の生産を行なわせるには強力な国家機構が必要となった。しかし、オランダ人を本国から派遣し、白人ばかりの行政機構を編成するのでは採算が合わない。ジャワ人貴族を官僚にして行政機構を編成する、歩合制を導入し熱帯農産物の出来高に応じてその報酬を決める、そしてこの機構の戦略ポストにごく少数の白人（十九世紀半ばで二〇〇人以下）を配置して、国家が総督を首班とする東インド政府の意志の通りに作動するようにする。オランダ東インド国家＝インドネシア共和国国家の原型はこうしてつくられた。

オランダ東インド政府はまたこのときアヘン請負をはじめとする徴税請負制度を導入した。一八三〇年代から一八七〇年代にかけて、この収入が毎年、政府収入の三〇パーセント程度を占めた。ジャワにおいて徴税請負が導入されたのはこのときがはじめてではなかった。徴税請負は十七世紀にはすでにオランダ東インド会社国家の重要な収入源となっており、これがモデルとなって中部ジャワ内陸部、ジョクジャカルタ、スラカルタの地域にあったマタラム王国でも徴税請負が王国の主要な収入源となっていた。しかし、十九世紀の徴税請負はこれとは別物だった。十七、十八世紀には市場税請負、関所通行税請負などが中心だった。これに対しアヘン請負は、海峡植民地のそれをモデルとして導入された。したがって、そのやり方は海峡植民地と基本的に同じだった。政府がインドからアヘンを輸入する。このアヘンの独占販売権を通常三年契約で理事州単位に公開入札に付する。請負業者となったのはもっぱら中国人で、かれらは毎月請負料を納めてアヘンを販売した。

しかし、それでも二つ、イギリス型とは違いがあった。第一に、海峡植民地経済の基礎は中国人移民にあった。中国人移民からどうやって金を吸い上げるか、これが基本的問題だった。したがって、アヘンは、中国人秘密結社のネットワークを通してスズ鉱山、胡椒・ガンビル農園で働く中国人苦力に販売された。これに対し、オランダ東インド経済の基礎はジャワ農民にあった。したがって、アヘンはジャワ農民に販売された。中国人の秘密結社のネットワークはそのままではアヘン販売のネットワークとして使えなかった。そのためジャワではすでに何代にもわたってジャワに居住しオランダ人の「信用できる」中国人が請負業者となり、ジャワ全土で一万以上のアヘン窟が設立され、さらにその下でジャワ人、中国人の行商人が村から村へアヘンを掛け売りで販売した。

第二に、東インド政府は、インドから輸入したアヘンの政府卸価格を海峡植民地におけるアヘンの販売価格の二—四倍に設定した。したがって、あたりまえのことながら、シンガポールからバリのブレレンを経由してジャワに、東インド政府の推計でも、政府卸アヘンとほ

中国人が集まるアヘン窟．19世紀のシンガポール

ぼ同量のアヘンが密輸入された。アヘン請負の成否は、請負業者がアヘン密輸業者を排除し、必要とあらば、みずからアヘンを密輸してでも市場の独占を維持できるかどうかにかかっていた。アヘン請負業者はこのため県知事を頂点とする原住民内務官僚と誼《よしみ》を通じ、市場、賭博場、アヘン窟、売春窟などにあって、ときには内務官僚の手先ともなる「やくざ」を警察、スパイとして密輸アヘンの販売を取り締まった。もちろんただではない。ジャワ人の官僚、やくざがアヘン請負業者にたかる。その見返りにアヘン請負業者は市場の独占を確保する。しかもアヘン請負業者は、密輸アヘンの取り締まりを口実に競争者を村落市場から排除し、アヘンの掛け売りによってジャワ農民から米その他の物産を集荷した。つまり、簡単にいえば、ジャワ人貴族＝官僚と中国人の同盟、中国人のジャワ村落経済支配が、十九世紀、オランダ東インド国家のリヴァイアサンへの成長と軌を一にして進行した。したがって、イギリス海峡植民地国家の裏に中国人のネットワークが張り付いたとすれば、オランダ東インド国家においては、オランダ人官僚が頂点を占める国家の機構は、原住民官僚、中国人のネットワークを経由してさらに下に行けば、行商人、やくざ、博徒、娼婦などの住むジャワ人、中国人入り交じった合法世界と非合法世界のトワイライト・ゾーンに埋め込まれることとなった。オランダ東インド政府が二十世紀はじめ、「白人の責務」の名においてこのトワイライト・ゾーンをどのように再編し、リヴァイアサンのさらなる近代化を試みたかについてはあらためて論じる。しかし、国家の機構がわけのわからないトワイライト・ゾーンに埋め込まれているということは十九世紀東インド国家に特有のことではない、ということは注意しておいてよい。こうした事情はいまでもほとんど違わない。そしてこれは東インド国家(=インドネシア国家)の基礎がジャワ農民の支配にあることからすれば、ごくあたりまえのことである。

フィリピン国家

ではフィリピン国家はどうか。

フィリピンは十六世紀半ばから十九世紀末までスペインの支配下におかれた。したがって、フィリピン国家の歴史はインドネシア国家よりもさらに古い。しかし、フィリピン国家は十九世紀、オランダ東インド国家のようにはうまくリヴァイアサンへと変身できなかった。オランダ東インド国家が「強い国家」に成長し、その一方、フィリピン国家が「弱い国家」にとどまったのはこれが大きな理由だった。そしてこれはかなりの程度、フィリピン国家の生育環境のためだった。

スペイン時代、フィリピン国家には二つ、大きな転機があった。そのひとつは「七年戦争（一七五六—六三）」におけるイギリスのマニラ占領（一七六二—六四）である。これはスペインにとってはたいへんなショックだった。フィリピンの統治体制を再建する、これを目的として、フィリピン政府はオランダ東インド会社、イギリス東インド会社をモデルに新しい経済政策を採用した。タバコの強制栽培・専売制度が導入され、王立フィリピン会社が設立された。コーヒー、綿花などの商品作物栽培、鉱物資源の開発、アヘン請負をはじめとする徴税請負の導入が試みられた。しかし、タバコの強制栽培・専売制度を別として、こうした試みはすべて失敗に終わった。

もうひとつの転機はメキシコの独立だった。これによって十六世紀以来のマニラにおけるスペイン人の最大の利権、マニラを中継地としてメキシコと中国を結ぶガレオン貿易が一八二〇年までに終わりを告げた。またメキシコの独立にともない、メキシコからのフィリピン政府に対する補助金も停止した。それまでフィリピンはスペイン帝国の周辺にすぎなかった。しかし、ラテン・アメリカのスペイン帝国が過去のものとなれば、スペインとしてもフィリピンをなんとかもうかるところにするほかない。さてそれではどうすればよいか。オランダ東インド政府と同様、フィリピン国家も、東南アジアにイギリスの自由貿易帝国が成立するちょうどその時期にこの問題に直面した。

オランダ東インド政府はこのとき強制栽培制度、貿易独占、徴税請負という答えをだした。それがジャワ農民を食い物にするリヴァイアサンの編成をもたらした。これに対し、フィリピン政府は、オランダ東インド政府とは違う答えを出した。あるいはもっと正確にいえば、強制栽培制度、貿易独占、徴税請負という答えは出さなかった。十八世紀後半、フィリピン国家はこれを一度試みて失敗していた。だからそういうことはやろうともしなかった。それには少なくとも二つの理由があった。

第一に、フィリピンではカトリック教会が地方行政に大きな力をもっていた。フィリピンの地方行政機構は州、町、村と編成された。町にはその中心地の広場に教会と町役場が建てられた。町長は住民から選ばれた。しかし、教区司祭はスペイン人だった。この教区司祭が町の行政に介入した。納税人名簿の確定には教区司祭の承認が要り、町長の選出には教区司祭の立ち会いと推薦が要った。したがって、国家機構の整備充実の試みはただちにカトリック教会の抵抗にあった。

第二に、フィリピン特有の問題として「メスティーソ（混血した者）」が存在した。ジャワでは中国人と原住民のあいだにできた子供は、文化的にいかに同化しても中国人とされ、したがって、中国人の居留地に居住し、中国人の服装、髪型をするよう法律的に義務づけられた。これに対し、フィリピンでは中国人と原住民の子供はメスティーソになった。スペイン人がラテン・アメリカから「メスティーソ」という法的範疇を持ち込んだからである。したがって、フィリピンに到来した多くの中国人は、一、二世代のうちにメスティーソとなって土地を所有し、フィリピン各地に根を生やしていった。そういうところで徴税請負を導入すればどうなるか。一、二世代のうちに中国人だったはずの請負業者はメスティーソに化けてしまい、かれらはその経済力を政治力に転化しようとするだろう。そんなことはとても危なくてできない。

ではどうするか。強制栽培制度、貿易独占、徴税請負が答えにならないなら、自由貿易しかないだろう。フィリピン経済をイギリス人地方商人、かれらと同盟した中国人商人に開放して、関税収入のかたちでフィリピン国家がその恩恵にあずかる、というのが基本となった。こうしてマニラは一八三四年、正式に開港された。ここで「正式に」というのは、非公式にはこれが十八世紀末以来、黙認されており、一八〇九年にはすでにマニラにイギリス商館まで建てられていたからである。こうした体制は一八五〇年代、さらに本格的に整備された。たとえば、一八五〇年には中国移民奨励法が導入され、一八五五年にはイロイロ、サンボアンガ、スアルが、さらに一八六〇年にはセブが開港された。

こうした政策は経済的には予想通りの結果をもたらした。フィリピン経済はシンガポール、香港を中心とするイギリス自由貿易帝国に組み込まれ、フィリピン貿易はイギリス人商人とそのパートナーの中国人商人の支配下におかれることになった。しかし、ここでの議論にもっと重要なことは、その国内政治経済的意義である。この当時、開港場と村を結ぶ流通機構は大きく開港場の貿易商、卸商、地方商人によって結ばれていた。

池端雪浦氏は地方商人をこう描写する。

「末端の地方商人は、通常、交通の要衝に開けた大きな町に住んでいて、近郷の町々で決まった週日に開かれる定期市をめぐっては、商品を売りさばいた。商品は収穫物払いで掛売りされることが多かったが、地方商人は輸出作物の買付人でもあったから、掛売りは収穫時の買付けを確実にする有効な方法だった。同じ理由から買付人は農民の求めに応じてすすんで前貸しを行なった。砂糖・マニラ麻・アイ・米などの収穫期になると、地方商人たちは小船で川をさかのぼり、あるいは陸路牛車をひいて収穫物を買い集めた。天災や蝗害《こうがい》など不慮の災難で前貸金や掛売り代金がこげつくことも、もちろんまれではなかった。この種の農民負債から（中略）商人・高利貸資本の土地集中がはじまった」（『東南アジア現代史II』山川出版社、四八ページ）

こうした地方商人には十九世紀半ばまでメスティーソが多かった。これはフィリピン政府の政策的帰結だった。十八世紀半ば、フィリピン政府は三度にわたって中国人追放令を実施した。この結果、中国人の人口が著しく減少し、その居住地がマニラ周辺に制限されたこともあって、地方における中国人の経済活動が衰退し、メスティーソ、それに少数の原住民がこの空隙を埋めることになった。しかし、マニラ開港以降、こうした事情は大きく変化した。フィリピン政府は中国人の移民を歓迎し、中国人の居住地、国内移動についても大幅な自由が認められた。こうして一八五〇年代、中国人がふたたび地方商業に進出するようになった。そしてこれに対応してメスティーソは地方商業から高利貸し、地主、輸出向け商品作物生産へと転じていった。フィリピン史において常に指摘されるように、やがて十九世紀末、こうしたメスティーソの大土地所有者のなかからフィリピン人エリートが登場し、スペイン支配に挑戦することになる。これは十九世紀フィリピン国家がリヴァイアサンとして発育不全に止まった当然の帰結でもあった。

こうして十九世紀東南アジアに、それぞれ発育の状態も違えば個性も違うさまざまのリヴァイアサンが登場した。時期的にいえば、明治国家というリヴァイアサンが日本に編成されるより少しまえのことである。近代国家、つまり支配の機構、装置として、これら東南アジアの国家と明治国家に大きな違いはなかった。しかし、そのモデルと存在論的意味とに違いがあった。明治国家はヨーロッパ「列強」の国民国家をモデルとし、みずから国民国家として上から国民を培養しようとした。これに対し、東南アジアの国家は植民地国家であり、そうしたものとして互いが互いをモデルとした。つまり、近代は、東南アジアにおいて日本とは違うかたちで到来した。

第四章　複合社会の形成

いま、われわれには「日本人」「中国人」「マレー人」「オランダ人」「フィリピン人」などのことばは、それなりに安定した意味内容をもつことばとなっている。しかし、十九世紀にはまだ必ずしもそうではなかった。たとえば、ラッフルズは一八一一年、イギリス東インド会社総督ミントー卿に宛てた「新帝国」建設の建策において「マレー人」についてこう書いた。

「これら（東方諸島）の国々を構成する部族は、慣習、習俗、宗教、言語において大いに異なり、また文明の水準においても大いに違っている。（しかし）ヨーロッパ人はすでに永いあいだ（これらの人々を）マレー人と呼び慣らわし、われわれとしても便宜上、この名称を維持しようと思う」

また同じ年、オランダからジャワを取ってバタヴィアにあったミントー卿は夫人宛の手紙のなかで、マレー語のほかなんのことばもできないバタヴィア上流社会の「オランダ人」女性について次のように述べた。

「かつてオランダ（東インド会社）はヨーロッパ人（白人）女性が東インドの植民地に来ることを許さなかった。そのため（ヨーロッパ人の）男たちは原住民の女と一緒になり、そうして生まれた混血の娘たちがいまではジャワの上流階級の夫人となっている。（中略）しかし、かれらは教育というものをまったく受けていない。そもそも教育などというものはここには存在しない。かれらは生まれたときから多くの奴隷にかしずかれ、そのため怠惰で（奴隷なしには）なにもできないようになってしまっている」

こういう文章を書いたラッフルズやミントー卿などは、「マレー人」「オランダ人」などのことばがどのような意味をもつものか、よくわかっていた。しかし、この当時「マレー人」「オランダ人」と呼ばれた人たちに、こういうことばがどれほど意味のあることばだったことか。多くの奴隷にかしずかれたバタヴィアの「オランダ人」女性は、ミントー卿がなぜかれらについてこれほど否定的であるのか、まずわからなかったであろうし、イギリス人が

「便宜上」マレー人と呼んだ人たちが、自分たちのことをマレー人だなどと思っていなかったことは確実である。ところがそれから一世紀ほどのうちにこうした事情は大きく変わり、「マレー人」「中国人」「オランダ人」などのことばが、いまわれわれが受け止めるのと同じような安定した意味内容をもつようになる。

ではなぜ、いかにしてこういうことがおこったのか。またそのときなにがはじまったのか。そもそも、わたしは「マレー人」である、わたしは「オランダ人」である、といったかたちでみずからを規定するようになるまえ、つまり民族のカテゴリーがアイデンティティを人質に取る以前、人はみずからをどのように定位していたのか。

アブドゥッラーの自己紹介

これを考える手掛かりとしてアブドゥッラー・ビン・アブドゥル・カディールの自叙伝『アブドゥッラー物語』を取り上げよう。アブドゥッラーにはかつてマラッカ時代のラッフルズの描写のところで出会ったことがある（以下、『アブドゥッラー物語』からの引用はすべて中原道子氏の訳書による）。

アブドゥッラーは一七九七年、マラッカの生まれ、一八一九年、シンガポール「建設」まもなくマラッカからシンガポールに移り、一八五四年、メッカ巡礼の途上、ジッダにて死亡した。またかれは一八一〇年、一三歳のときにラッフルズに雇われ、ラッフルズがマラッカにおいて「新帝国」建設の建策を執筆していた頃、その最年少の書記として働いていた。アブドゥッラーがヨーロッパ人（白人）と交渉をもつようになるのはこのときからであり、その後、一八一五年、マラッカに最初のミッション・スクールが開設され、そこで宣教師たちにマレー語を教えてからは、その生涯をマレー語の先生としてすごした。『アブドゥッラー物語』は、かれが「白人の友人」のたっての願いに応えて執筆したもので、一八四三年に完成、一八四九年に出版された。これはマレー語で書かれた最初の自伝だった。

自伝にはまず自己紹介がある。それなりにくっきりとした輪郭をもつ「わたし」をまず紹介する、そしてこの「わたし」が時間の流れのなかでどう「成長」していくかを物語る、それが自伝という形式だからである。さてそれではアブドゥッラーは、かれの『物語』のなかで「わたし」をどう自己紹介するのか。

アブドゥッラーは冒頭、こう語る。

「私の曾祖父は、イェメン出身のアラブ人、ウスマン家の出身である。その名をシャイフ・アブドゥル・カディールといい、宗教と語学の教師《グル》であった。やがてイェメンを離れて東に向い、ナグルのクリンの地（インド、マイソール近くのナグルのタミール人の地）まで旅をした。そこで長い間、人々に教えていた。彼は結婚し、四人の息子をもうけた。（中略）彼の死後、息子たちは東に向って旅立った。（その一人）ムハンマド・イブラヒムはマラッカに来て、私の祖母と結婚した。祖母はプリ・アチといって、シャイフ・ミラ・ルバイの娘であった。私の父が生まれた時、その子はシャイフ・アブドゥル・カディールと名づけられた。こうして彼は、祖父の名の祝福を受けついだのである」

「わたし」の父、シャイフ・アブドゥル・カディールはマラッカで成人した。商人となり、そのかたわら人々にコーランの誦《よ》み方、祈禱など、イスラム教に関することを教えた。またかれは代書家としてマレー語で証書、契約書、マレー人のラジャ（王）宛の手紙などを書いた。シャイフ・アブドゥル・カディールはイスラム暦一二〇〇年、西暦の一七八五年にマラッカで結婚した。「私の母の祖父母はケダーから来たインド人である。彼らはマラッカに移って来て、そこでイスラムに帰依したのである。マラッカで私の母が生まれ、サラマと名づけられた」。「わたし」はこの二人、シャイフ・アブドゥル・カディールとサラマまで流れて来た血を受け継いでいる。アブドゥッラーの自己紹介はこうしてはじまる。

ついでアブドゥッラーは自分の名の由来を述べる。

「わたし」が生まれるまでに母は四人の子供を亡くした。みんな小さいうちに死んでしまったのだった。そのため母は気も狂わんばかりで、いつも嘆き悲しんでいた。そんなとき「ハビーブ・アブドゥッラーというハッダード家出身のアラブ人のサイド（預言者ムハマッドの子孫）がマラッカにやって来た。彼は聖人のような人で、マラッカで人々から尊敬されていた」。この人が母に、もし子供が生まれたらその子にかれの名、アブドゥッラーをつけるよう言った。こうして「わたし」が生まれると、「わたし」にはアブドゥッラーの名が与えられた。

つぎは生い立ちである。

「わたし」はマラッカのカンポン・パリで生まれ育った。タミール語でイスラム寺院の村というところである。「わたし」の小さい頃、父方の祖母がここで宗教学校を開いており、二〇〇人ほどの子供が男の子も女の子も祖母についてコーランの勉強をしていた。「私は祖母に甘え、彼女が教えている時はいつもすぐ側に坐っていた。（中略）朝早くから夕方の六時まで、勉強する声やコーランを誦む声以外何も聞こえなかった」。

「わたし」はコーラン読誦の声を聞きながら大きくなった。そしてそのうち「わたし」も、コーランの勉強をはじめた。この勉強がそろそろ終わりに近づいた頃、「父は数日間、私に繰り返しコーランの暗誦を命じた。二十回ほど繰り返した。何回も繰り返し暗誦したので、私はほとんどコーランを暗記してしまった。（中略）数ヵ月たつと、私の両親は親類の人たちに、私のコーランの勉強が完了したことを話し、割礼を受けさせることについて相談した。（中略）私は金や銀で飾られた美しい服を着せられ、集まった人々の前に連れて行かれた。そしてそこに集まっている人たち、私の先生も含めて、その人たちが希望したコーランのどの箇所でも誦むように命じられた。他の専門家たちは、コーランの暗誦に関する多くの問題、その発音等について質問した。私が答えるとイマーム（イスラムの指導者）とハーティブが祝福の祈りを唱え、私は彼らにおじぎをするように命じられ、それから両親がそれに続いた」。

そのあと割礼が行なわれた。「わたし」はこうしてムスリム（イスラム教徒）として成人した。

ついで「わたし」は先生に付いてタミール語とその書き方を学んだ。当時、マラッカには多くのタミール人の商人がおり、タミール語で計算ができたり、会計ができたり、そのことばを話せたりすると、かれらとのつきあいに大いに役立ったからである。「わたし」は二年半にわたってタミール語を勉強した。「わたし」はまたこの時期、父に言われて毎日モスクに行き、そこに来る人たちの名前を正しく綴ることを学んだ。それからマレー語の文章の綴り方、コーランの筆写、マレー語手写本の筆写なども学んだ。

そうしたある日、一人の船長が父に会いにやって来た。マラッカの中国人商人から借金をしたため、父に証書を書いてもらいに来たのだった。しかし、いつまで待っても父は帰って来ない。そこで「わたし」が父に代わって証書を書いた。「わたし」はそれまでそんなものは書いたことがなかった。しかし、船長はこれでいいと言って、その場で「わたし」の作成した証書に署名し、お金をくれた。ちょうどそのとき父が帰ってきた。船長は証書を父に見せた。「わたし」は叱られると思って震えあがった。しかし、父は証書を見てほほえみながら言った。船長、この手紙は使えます、債権者のところへ持っていってお渡しなさい。父はそのあと母にこう語った。「今日、私は子供を得たのだ。彼（アブドゥッラー）は今日生まれたと同じだ」。それ以来、人々が手紙、証書、委任状、遺言状などを書いてもらうために父のところに来ると、父はわたしにそういったものを書かせるようになった。

この時代、ほとんどの人は文盲だった。マレー語を読み、書くことは立派な技能であり、ジャウィと呼ばれるアラビア文字でマレー語の美しい手紙を書くことのできる人は代書屋というよりむしろ書家とも呼ばれる存在だった。そういったマレー語を書くことのできる人たちは、手紙を書き、商取引の契約書や証書、公的文書などを書くことを職業とした。「わたし」は父のあとを継いでそういう代書家となった。

それから「わたし」はますますマレー語の学習に磨きをかけた。この当時、人々はマレー語を学ぶというのはおかしなことだと考えていた。アラビア語を学ぶというならわかる。アラビア語はアッラーのことばを伝える聖なる言語だからである。それが一般的通念だった。そういうときに「わたし」は、マレー語の達人に付いて「マレー語の秘密」を学んだ。「そして、さまざまな例を、忠告を、手本を得た。マレー語のいろいろな話し方、難しい名前、例、類語、言葉の形、上手な継ぎ方、美しい表現など」を教わった。「すべてについて使い方を尋ね、古い歴史を読み、古老の文章の書き方を学んだ」。

これがアブドゥッラーの自己紹介である。「わたし」はイェメン出身のアラブ人、ウスマン家出身のシャイフ・アブドゥル・カディールの「血」を引く者である。「わたし」はハビーブ・アブドゥッラーというハッダード家出身のアラブ人のサイドの名を継ぐものである。「わたし」は良きムスリムであり、書家であり、そして「マレー語の秘密」を手に入れた者である。

ではこのようなアブドゥッラーの自己紹介に欠けているのはなにか。

ひとつは国家である。われわれにとって、わたしは日本人である、台湾人である、というときには、日本国家、台湾国家（中華民国国家）の存在が前提となっている。しかし、アブドゥッラーにとって、国家は「わたし」の存在、「わたし」がだれかということにおよそなんの関係もない。たとえば『アブドゥッラー物語』には次のような一節がある。

「ある時、バタビア政庁（バタヴィアのオランダ東インド会社政府）の書記官からの指令がマラッカに届いた。それは父に（中略）マラッカのラジャ、ティムメルマン・タイセンからの手紙をたずさえて、マレー人のラジャへ使者にたつようにという命令であった」

ラジャとは「王」のことであり、ラッフルズが「マレーの王たち」と言うときの王がこのラジャだった。すでに述べたように、アブドゥッラーがこの自伝を記した十九世紀半ば頃までには、海峡植民地に生まれたよちよち歩きのリヴァイアサンも、もうかなり成長していた。しかし、アブドゥッラーは「支配の機構」としての近代国家というものを理解しなかった。またかれの生きた時代のマレー語には、そうしたリヴァイアサンを語る語彙もなかった。かれにとって、マラッカ、シンガポールにあったオランダ人、イギリス人の総督、理事官、リオウ、パレンバン、パハンなどのマレーの王たちはすべて等しく「ラジャ」であり、「わたし」はときにかれらに仕えることはあっても、かれらの存在そのものは「わたし」がだれかということとはまったくなんの関係もないことだった。

もうひとつ、アブドゥッラーの自己紹介に欠けているのは「民族」の観念である。それがどういうことか、それを見るには、アブドゥッラーの自己紹介をかれの「白人の友人」トムスンの次のような文章と比較すればよい。かれはアブドゥッラーをこう描写する。

「彼（アブドゥッラー）の容貌は、南インドのタミール（人のそれ）だった。ちょっと前かがみで、やせて、精力的で、楕円形の顔、高い鼻、片方の目はちょっと斜視であった。彼はマラッカのタミール（人）が普通着るような服を着ていた。アチェのズボン、チェックのサロン、プリントの上着、四角いぴったりした帽子、サンダル。アラブの力強さと誇り、ヒンドゥーの忍耐と鋭敏さをもち、そして、言葉と民族的共感においてのみ、彼はマレー人であった」（『アブドゥッラー物語』二八八ページ）

くだくだしい説明は不要だろう。トムスンにとって、「タミール」「アラブ」「ヒンドゥー」「マレー」などがそれぞれに固有の「民族」的特徴をもつということは自明のことだった。だから、かれはこうしたことばの組み合わせによってアブドゥッラーの人物を描写した。そしてこれこそアブドゥッラーの自己紹介にまったく欠けていることである。

しかし、こうしたことすべては、一、二世代のうちに変わってしまう。アブドゥッラーには三人の男の子があった。三人はすべてマレー半島の南端、ジョホールのスルタン、アブ・バカールに仕え、十九世紀後半、この地で海峡植民地国家の後見の下、おずおずと成長をはじめた小リヴァイアサン、ジョホール王国の官僚となった。長男フセインは一八六五年、ジョホール王国所有の最初の蒸気船、ジョホール号上の爆発事故で死亡した。次男モハメド・ハリドはジョホールで「マレー・スクール」を開設した。そして三男モハメド・イブラヒムは宰相代理の地位にまで上りつめた。つまり、かれらの運命は小リヴァイアサン(そしてまもなく十九世紀末までには英領マラヤ国家に一州として吸収される)ジョホール国家と分かち難く結ばれ、そうしたものとしてかれらは「マレー人」となったのだった。

ではどうしてこういうことがおこったのか。

ラッフルズの都市計画

ごくあたりまえのことだけれど、世の中にはどこでも、またいつの時代でも、言語、文化、宗教、習慣も違えば、服装、髪型、食べ物、容貌も違う、そういうさまざまの人たちがいる。そういう人たちをどう扱うか。

これは別に新しい問題ではなかった。いろいろな土地でさまざまの時代にさまざまの制度がつくられた。たとえば、マラッカでは、王国の時代、外国人は出身地ごとに集団をつくり自治を行なうことを許された。この制度がポルトガル、さらにはオランダ東インド会社に継承された。こうしてオランダ時代にはマラッカに「インド人」「マレー人」「中国人」「キリスト教徒」の集団があり、その長として四人のカピタン（「大尉」）が任命された。ただし、ここで「インド人」「マレー人」「中国人」は今日われわれが理解するような意味での民族的カテゴリーではない。それはこの三つのカテゴリーが「キリスト教徒」と並置されていることから明らかだろう。民族的カテゴリーは運命的なものである。わたしが「日本人」に生まれれば、死ぬまで「日本人」であるほかない。しかし、人はだれでもキリスト教徒になれる。そういう「キリスト教徒」と並置されているということは、人は「キリスト教徒」になることができるのと同様、「インド人」「マレー人」「中国人」にもなれるということである。これはそういうカテゴリーだった。だから、ミントー卿の語るバタヴィアの「オランダ人」女性のような人々も、「原住民」の血を継ぎ、マレー語だけを理解してオランダ語を知らず、サロンにクバヤの服装でキンマの実を噛んで口を真っ赤にしていても、自分が「オランダ人」であることに安んずることができた。この当時「オランダ人」は、民族的カテゴリーでも国民的カテゴリーでもなかった。それはまだ「キリスト教徒」のサブ・カテゴリーだった。

しかし、こうしたカテゴリーが十九世紀に大きく変化する。ミントー卿、ラッフルズのようなリヴァイアサンの運転者、権力をもったイギリス人がこれを民族的カテゴリーと受け止め、これを土台に行政を行なうからである。別にむつかしいことを言っているのではない。ラッフルズは言語、宗教、慣習も大いに異なり、また「文明の水準」もさまざまな人たちを「便宜上」マレー人と呼んだ。かれにとって「マレー人」と呼ばれた人々が自分たちをマレー人と思っているかどうかなど、どうでもよいことだった。ラッフルズをはじめとする海峡植民地政府のイギリス人行政官はこの精神でここに住むさまざまな人たちを「便宜上」マレー人、インド人、中国人、ヨーロッパ人などと呼び、そうしたカテゴリーを基礎に住民を登録し、居住地を指定し、民法を制定し、遺産相続事務を執り行ない、海峡植民地政府の行政を行なった。「わたし」はわたしが何人《なんぴと》かなどということを考えたこともなかったかもしれない。しかし、わたしはいちど「マレー人」に分類されると、「マレー人」の居住地に住み、結婚、離婚、遺産相続などにおいて「マレー人」の民法に縛られ、「マレー人」の学校に子供をやらなければならなくなる。本来、およそなんの意味ももたなかった「マレー人」は、こうしてリヴァイアサンの力を媒介としてしだいにわたしにとって切実な意味をもつようになる。そういうことが十九世紀に海峡植民地（さらには英領マラヤ）でもオランダ東インド

シンガポールのアラブ人コミュニティ（20世紀はじめ）

でもその他の東南アジアの地域でもおこった。

問題はそれが具体的にいかにしておこったかである。それを見る格好の材料としてラッフルズの都市計画がある。ラッフルズは一八一九年、シンガポール「建設」の元年に都市計画の基本を定めた。シンガポールに居住する人々をさまざまの「コミュニティ」に分ける。コミュニティ（社会）というのは「ユダヤ人コミュニティ」などというときのコミュニティである。そういうコミュニティそれぞれに居住地区を割り振り、「アジア人の」コミュニティについてはそれぞれに長を任命して、この者にコミュニティの秩序維持の責任をもたせる、これが基本だった。

シンガポール川沿いにはラッフルズ到来以前からこの土地の首長、トゥメンゴンの率いるマレー人、海人（オラン・ラウト）の一党が住んでいた。ラッフルズはそういう「マレー人」にはとりあえず手を付けず、シンガポール川の左岸、現在、国会議事堂、最高裁判所、市庁舎などのあるところを政府地域、その北、教会と広場の向こうを兵営とした。「ヨーロッパ人」地区は兵営の東、「中国人」はすべてシンガポール川の右岸に居住することとされた。

この都市計画には、一八二三年、ラッフルズが最後にシンガポールを訪れたときにもう一度、修正が加えられた。シンガポール川河口の右岸が商業地区と定められ、このときまでにすでにここに住み着いていた「中国人」はもっと内陸に移された。ここには小高い丘があった。これを崩して海岸沿いの湿地を埋め立てるということになった。こうしてかつて丘のあったあたりに商業地区がつくられ、これが現在のラッフルズ・プレイスとなった。一方かつての湿地は埠頭となった。またこのとき、それまでシンガポール川沿いに住んでいた土地の首長、トゥメンゴンの「マレー人」一党約六百人が、チャイナ・タウンのさらに西、タンジョン・パガールからタンジョン・ブラガあたりの海岸に移された。シンガポール川はこれによって「マレー人」に邪魔されることなく、もっぱら商業目的に利用されることとなった。

シンガポール川左岸では「ヨーロッパ人」地区の東に「アラブ人」地区、ラッフルズの擁立したリオウのスルタンに仕える「マレー人」一党の居住地区、さらにその東に「ブギス

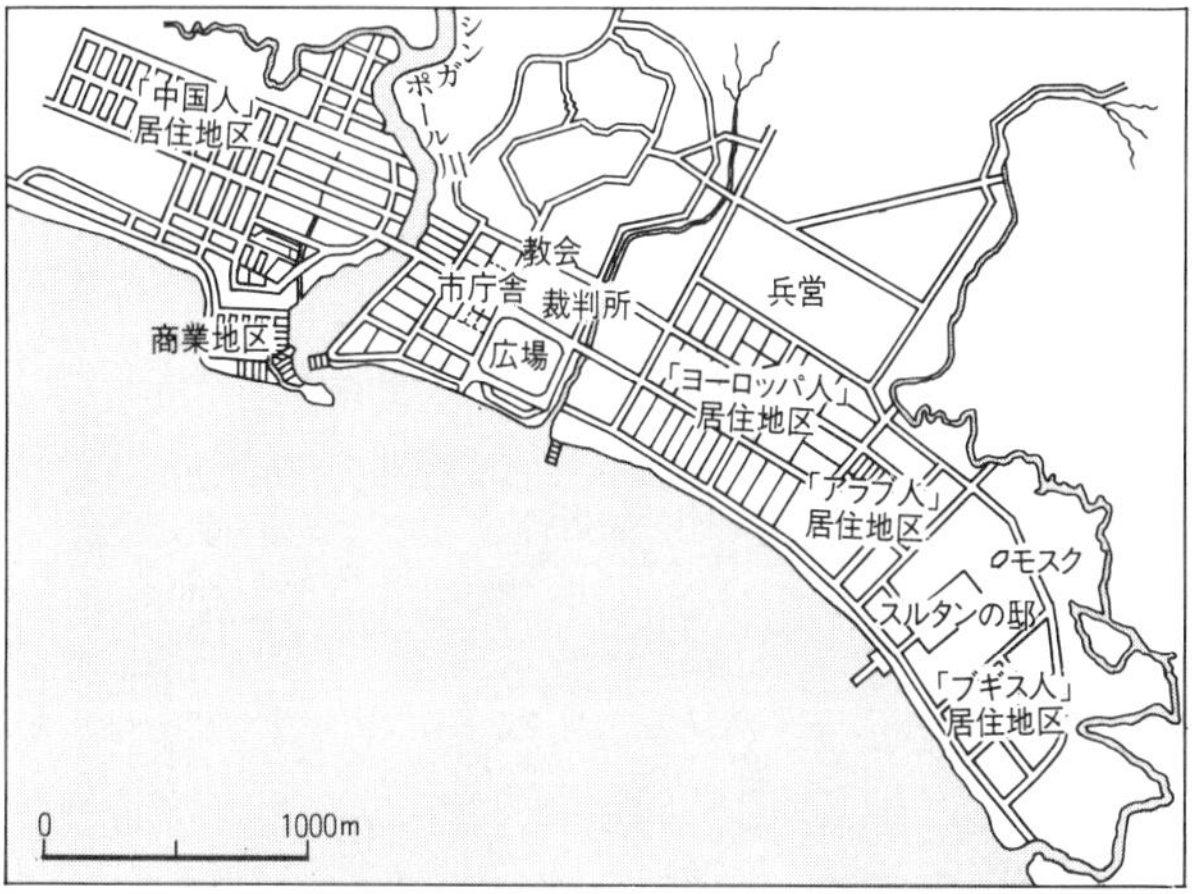

ジャクソン中尉の作成したシンガポール都市計画図

人」地区が定められた。シンガポール右岸は商業地区を別としてすべて「中国人」地区とされ、これがさらに「福建人」「広東人」「潮州人」などの居住地区に分けられた。また「インド人」居住地区はシンガポール川のもっと上流地域に定められた。

このラッフルズの都市計画をもとに一八二八年、ジャクソン中尉の作成した都市計画図を掲げておこう。ここに見るように、ラッフルズの都市計画においてはすべてが整然と定められた。すべての居住地区は直角に交叉する直線の道路によって整然と格子状に区切られ、商業地区ではさらにすべての建物は瓦葺き、石造りであるものとされた。人々は「ブギス人」「マレー人」「中国人」などと分類されてそれぞれ別の居住地区に割り振られ、そうしたさまざまの人々はただ商業地区においてだけ事務所、商店、倉庫を並べることとなった。ひとつのリヴァイアサンの下、言語、文化、宗教、思想、習慣などにおいてそれぞれに異なるさまざまのコミュニティが、並存すれども交わらず、市場で出会うほか、いかなる共通の社会意志ももたない社会、そういう社会をイギリスの政治経済学者J・S・ファーニヴァルは「複合社会」と呼んだ。そういう社会がシンガポールに成長しはじめた。

もちろん自然に成長したのではない。おまえたちは「○○人」だ、だからおまえたちの居住地区はあっちだ、といくら言っても、一度ほかのところに住み着いた人たちがそう簡単に移るわけがない。そのとき海峡植民地政府は、移転先の土地を用意し、金銭的補償を与え、それでも埒《らち》があかないとなると、強制力に訴えた。こうしてリヴァイアサンの実力により、ラッフルズの都市計画にもとづいてシンガポールの町にきわめて具体的に「中国人」「マレー人」「アラブ人」「ヨーロッパ人」「ブギス人」などの民族的カテゴリーが空間的に現出した。アブドゥッラーは、おまえは「マレー人」だ、と「白人の友人」に言われたところで、それが実のところどういう意味なのか、おそらくわからなかっただろう。しかし、かれにとっても「マレー人」はまったく空虚なことばではなかった。「マレー人」とはシンガポール川右岸、チャイナ・タウンのさらに西に住む人たちである、あるいは「アラブ人」地区のさらに東に住む人たちである、そういうかたちで意味をもつようになっていた。

アイデンティティの政治

これまで述べてきたことをより一般的にいえば、民族的カテゴリーを土台に社会地図が作成される、それがリヴァイアサンの力によって社会的現実となる、そしてその結果として本来空っぽであった民族的カテゴリーがしだいに切実な意味をもつようになる、ということである。こうしたプロセスの出発点には人口調査があった。リヴァイアサンがみずからの支配下にあるすべての住民を数えあげ、分類するという作業である。

シンガポールでは最初の人口調査は一八二四年に実施された。一・一万人の住民が数えられ、これが「マレー人」「中国人」「ブギス人」「インド人」「ヨーロッパ人」「アラブ人」「アルメニア人」「その他」に分けられた。これがそれ以降の海峡植民地、英領マラヤの人口調査の原型となった。十九世紀、マラヤは多くの移民の流入するフロンティアだった。やって来たのは「中国人」ばかりではなかった。日本人も来たし、アチェ人、バタック人、ミナンカバウ人、ジャワ人、ブギス人などもスマトラ、ジャワ、セレベスなどから到来した。人口調査はこうした人たちをきわめて恣意的に分類した。日本人は十九世紀には「中国人」のサブ・カテゴリーだった。一方、アチェ人、ブギス人、ジャワ人などはすべて「マレー人」としてまとめられ、「マレー人」はマラヤの「原住民」である、というフィクションの下、たとえ到来したばかりの移民でもマラヤの「土地の子」となった。そしてこれがいまでもマレーシア政府のブミプトラ(「土地の子」)優先政策を支えるフィクションとなっている。

しかし、それは将来の話である。とりあえずここでの議論にとってより重要なことは、英領マラヤの行政がこういうカテゴリーを土台に組み立てられ、やがて「マレー人」「中国人」「インド人」などのカテゴリーが物神化されて、イェメン出身のアラブ人、ウスマン家出身のシャイフ・アブドゥル・カディールの「血」を引く者であろうとだれであろうと、たとえば「マレー人」に分類された者はすべてじぶんのことを「マレー人」と考えるようになったということである。つまり、ごく簡単にいえば、民族は人口調査とリヴァイアサンによって生み出されたのだった。

これはもちろんシンガポール、マレーシアの地に限られたことではない。こうしてどこでも、英領マラヤでも蘭領東インドでもスペイン領フィリピンでも、そしてやがてはチャクリ王朝支配下のシャム(タイ)においても、民族が意味のあるカテゴリーとなっていった。そしてこれが新しい政治を生み出した。

その第一は、数の政治である。人口統計において住民は民族、地域（行政単位）、所得水準、学歴、年齢など、さまざまの分類規準によって数えられ分類される。こうして「多数（マジョリティ）」と「少数（マイナリティ）」が明らかとなった。（たとえば、オランダ東インドにおいて「中国人」は総人口の三パーセントを占めるにすぎないということは人口統計をまってはじめて明らかとなった。）また人口統計における民族別所得統計、民族別教育統計、民族別労働統計などによって、所得、教育、雇用などにおける民族間格差がだれの目にもはっきり見えるようになった。「華僑」問題はこうして生まれた。

第二に、メスティーソ、混血人が消滅した。物理的に消滅したというのではもちろんない。カテゴリーとして消滅した。そしてこれがアイデンティティの政治を生み出した。人口統計の民族的カテゴリーはフィクションとして完全、不可分のまとまりをもっている。かりにマレーシアの人口統計が「マレー人」と「中国人」だけから構成されていたとしよう。その場合、マレーシアの住民はすべてこのいずれかのカテゴリーに分類される。しかし、現実は常にそれよりはるかに複雑である。「マレー人」と「中国人」の混血ひとつ考えても、そこには「マレー人二分の一、中国人二分の一」「マレー人四分の一、中国人四分の三」「マレー人八分の一、中国人八分の七」などのカテゴリーがあるはずである。しかし、人口調査にそういうカテゴリーはありえない。すべての人々がきわめて恣意的に「マレー人」「中国人」いずれかに分類される。そういうところではメスティーソに居場所はない。ではどうするか。メスティーソは「ヨーロッパ人」「中国人」「マレー人」といったカテゴリーのどこかに同化するしかない。こうしてキンマの実を噛んで口を真っ赤にしたオランダ語のできない「オランダ人」女性は、子供にオランダ語教育を受けさせ、十九世紀末までにはメスティーソはオランダ本国のオランダ人中産階級と同じようなオランダ人になっていった。また同じ頃までにフィリピンのメスティーソは、「フィリピン人」に化けた。さらにまたマラッカのババ、ジャワのプラナカンといった人々、つまり、かつてイギリス人、オランダ人の「信用できる中国人」としてアヘン請負を支配した人々の末裔は、二十世紀には、マレー語しかできない「中国人」、「中国人」にあるまじき「堕落」した存在として、中国人「同胞」から攻撃されるようになった。

こうしてみんな「オランダ人」は「オランダ人」らしく、「中国人」は「中国人」らしく、そして「マレー人」は「マレー人」らしくなっていった。アイデンティティの政治がはじまった。十九世紀末、二十世紀はじめ頃からのことである。

第五章　文明化の論理

オランダ文学に東インド文学というジャンルがある。オランダ東インドを舞台とした文学のことで、その古典にルイ・クーペルスの『静かな力』という作品があり、そこに次のような一節がみられる。

「馬車が（中華街に）さしかかると、かれら（中国人）は立ち上がって恭しく起立の姿勢をとった。ジャワ人の多く、とくに育ちが良くて作法を知る者たちは（立て膝をついて）しゃがみこんだ。（中略）馬車はアラブ人街に入った。そこには他の地区と同じような家々が並んでいるのだが、もっと陰鬱で、品の良さなどどこをどう探してもなく、生活と豊かさは閉ざされた扉の向こうに隠されていた。ベランダには椅子があるけれど、家の主人は床の上に陰鬱そうにしゃがみ込み、陰気な顔で馬車を追った。この界隈はラブワンギの町の高級住宅街よりもっとなぞめいており、イスラムの大気のようないわく言い難いなぞを四方に発散してそれが町中に拡がっていくようにみえた。それはまるでイスラムが陰鬱で運命的な諦めの憂鬱を吐き出し、それがぞっとするほど静かな夕方を満たしているかのようだった」

クーペルスはこの作品を、オランダ語でオランダ人を対象に十九世紀末の東ジャワの地方都市、パスルアンの町で書いた。この一節は、ある晴れた日の夕方、このパスルアンをモデルとしたらしい架空の州都、ラブワンギの町をオランダ人州長官一家の馬車が駆け抜けていく、その車窓から見える街の情景描写である。馬車は中華街に入る。「われわれオランダ人」読者はクーペルスに誘われて車窓から街を眺める。雑踏をなす人々があわてて道を開け、辮《べん》髪《ぱつ》を垂れた中国人は起立の姿勢をとり、ジャワ人は膝を立ててしゃがみ込む。すべてはしかるべくあり、秩序を脅かすものはなにもない。それから馬車はアラブ人街に入っていく。漆《しっ》喰《くい》を塗り込めた白い家並が続いている。そのとき「われわれ」は床の上にしゃがみ込み、陰気な顔で「われわれ」を見る男の目に気づく。「われわれ」はかれを見る。おそらくアラブ人だろう。しかし、かれを見れば見るほど「われわれ」にはかれが「なぞ」となる。これに気づくと、秩序はもう先程までのような安定性をもちえない。なぞがこの夕方のラブワンギの町を満たし、起立の姿勢をとる中国人、作法通りに膝を立ててしゃがみ込んだジャワ人、床にしゃがみ込んだアラブ人、白いターバンのハジ（メッカ巡礼を行なった者）、ジャワ人貴族のお面のような顔、いたるところに「われわれ」はなぞを見るようになる。

クーペルスの描くこの十九世紀末の東ジャワの町の情景はフィクションである。しかし、ここには東インドにおける「われわれ」オランダ人の疎外の有様がみごとに描かれている。白人を頂点とする東インドの複合社会において、「われわれ」オランダ人はここにあってここに属さず、舞台の上にあって見られている。そして見られているということに気づいて、中国人を、原住民を、アラブ人を見れば、たとえすべてがしかるべくあっても、やはりなにかがおかしい。なにか知らないことがあり、なにかが隠されている。この「なぞ」の感覚が、ちょうどオランダからもってきたピアノがいくら調律してもしだいに狂っていくように、東インドにおける白人社会の市民的秩序をなにか別のものに変質させていく。

ここには新しい秩序感覚がある。十九世紀、秩序はまずもって目に見えるものだった。それにはラッフルズの構想したシンガポールの都市計画を思い出せばよい。「ヨーロッパ人（白人）」「中国人」「アラブ人」「原住民」にそれぞれ別の居住地区をあてがい、それぞれに固有の服装、髪型を法的に義務づける。中国人、原住民がなにを見、なにを考えているか、そんなことは知ったことではない。われわれは支配者である、それで十分だった。しかし、クーペルスの時代、秩序はもうそのようなものとしては受け止められなかった。秩序はもっと内面的な問題となった。このとき新しい自由主義プロジェクトがはじまった。見てわからなければ、わかるようにする、ただかたちの上でだけ中国人が起立の姿勢をとり、ジャワ人が膝を立ててしゃがみ込むのではなく、かれらが内心でもそうするようにする、それがこのプロジェクトの趣旨だった。これが「文明化」の名の下に行なわれた。ではそれはいかに行なわれ、なにをもたらしたのか。そもそもなぜ十九世紀末、二十世紀初頭に至ってこのような新しい自由主義プロジェクトが必要とされることになったのか。

植民地世界の成立

わたしはこれまで二章にわたって十九世紀東南アジアにおけるリヴァイアサンの誕生と複合社会の形成を論じてきた。この過程は十九世紀後半、一八七〇年代から九〇年代にかけての時期にほぼ完了した。このとき東南アジアにことばの厳密な意味での植民地世界が成立した。

ではそれはどのような世界だったのか。

それには二つの地図を比較すればよい（一〇九ページ参照）。第一の地図には十八世紀末、まんだらの時代の東南アジアが描かれている。マニラのスペイン領フィリピン国家、バタヴィアのオランダ東インド会社国家を別とすれば、リヴァイアサンはまだ生まれてもいない。第二は十九世紀末の東南アジアである。このときまでにリヴァイアサンはもう十分に成長し、東南アジアはそうしたリヴァイアサンによって完全に分割されている。国境線はそうした分割の有様を地図の上で示すものであり、二十世紀に入ればこの国境線が逆に、それぞれの国家と社会を定義するようになる。

これが十九世紀後半、東南アジアにおこったもっとも重要なできごとだった。国家は、国境線によって仕切られたそれぞれの領域内において、中央から「地方」へ、しだいにその力を浸透させていった。リヴァイアサンの個性、発育の状態は国によって違った。しかし、それでも、十九世紀後半ともなれば、住民はどこでも武装解除されて「植民地の平和」が実現され、国家事業として港湾の整備、電信・電話の創設、鉄道の敷設、道路の建設などが本格化した。植民地資本主義はこのリヴァイアサンの整備した土台の上に発展した。マラヤのスズ鉱山とゴム・プランテーション、スマトラ東海岸のメダンを中心としたタバコ・プランテーション、東ジャワのサトウキビ・プランテーション、ネグロスのサトウキビ・プランテーションなどである。これによって東南アジア各地に第一次産品輸出経済が形成され、これがさらに拡がってリヴァイアサンを財政的に支えることになった。

十九世紀後半、東南アジアにおこったもうひとつの大きな変化、それは複合社会の形成とそこにおける白人社会の成長だった。同じリヴァイアサンの統治下、言語、文化、宗教、思想、習慣などにおいてそれぞれに異なるさまざまのコミュニティが、並存すれども交わらず、市場で出会うほか、いかなる共通の社会意志ももたない社会、そういう複合社会の形成についてはすでに述べた。東南アジアではこの複合社会はどこでも人種原理によってヒエラルキー的に編成された。白人が頂点、原住民が底辺を占めて、そのあいだに中国人、アラブ人、インド人などの「東洋外国人」が位置した。(日本人は十九世紀には「東洋外国人」に属したが、二十世紀には「名誉白人」に昇格した。)そのなかで十九世紀後半、一八六九年のスエズ運河開通の頃から白人社会が成長した。かつては白人の男ばかりがやって来たところに、この頃から白人の女も到来するようになり、そうした人々がペナン、シンガポール、バタヴィアのような都市で、あるいは東スマトラ、ジョホールなどのプランテーションで、イギリス人、オランダ人中産階級の家庭を営むようになった。しかし、か

左の二つの地図は、18世紀末にはまだ生まれていなかったリヴァイアサンが19世紀末には十分成長したことを示している.

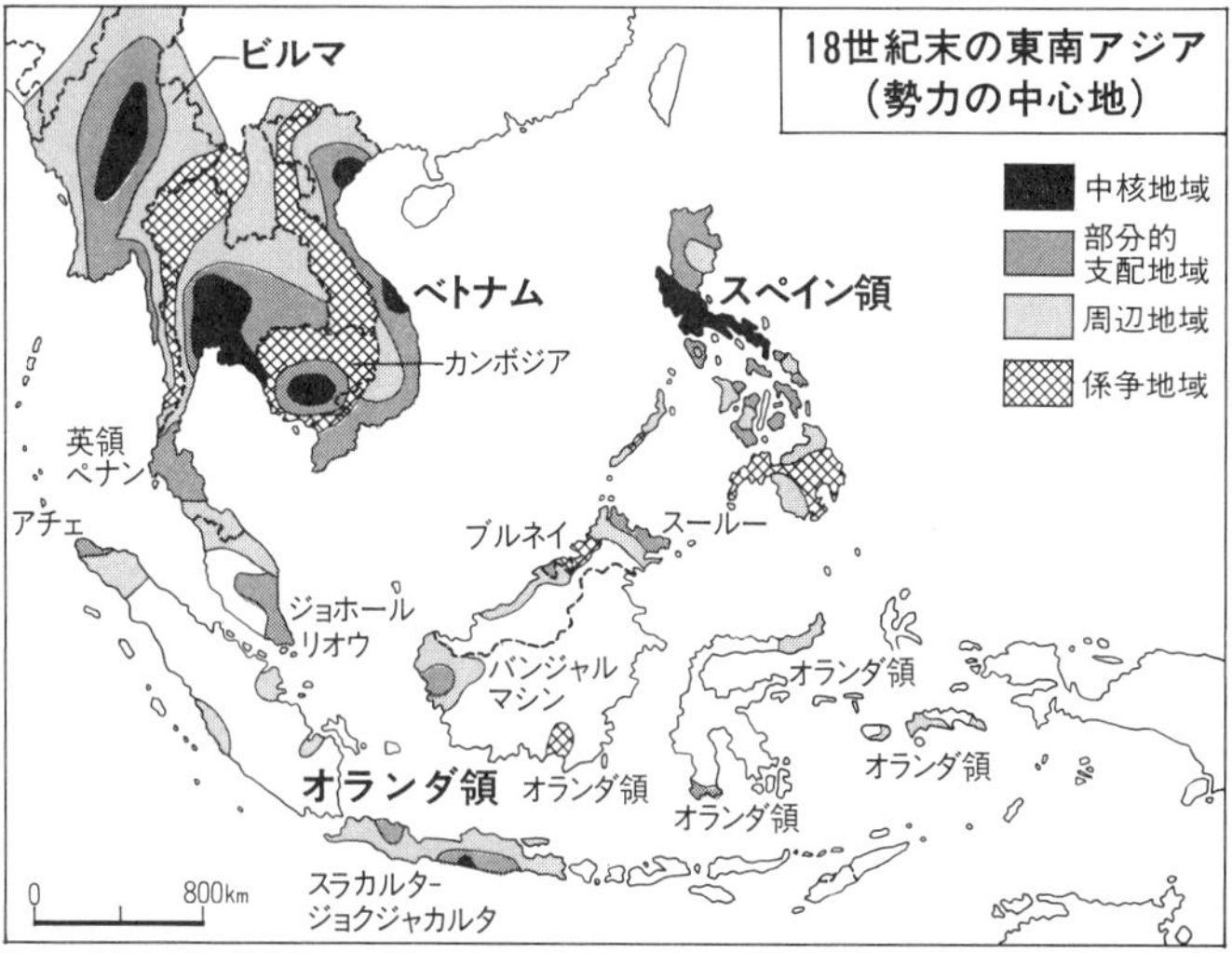
18世紀末の東南アジア
（勢力の中心地）
中核地域
部分的
支配地域
周辺地域
係争地域
ビルマ
ベトナム
カンボジア
スペイン領
英領
ペナン
アチェ
ブルネイ
スールー
ジョホール
リオウ
バンジャル
マシン
オランダ領
オランダ領
オランダ領
オランダ領
オランダ領
スラカルター
ジョクジャカルタ
0
800km

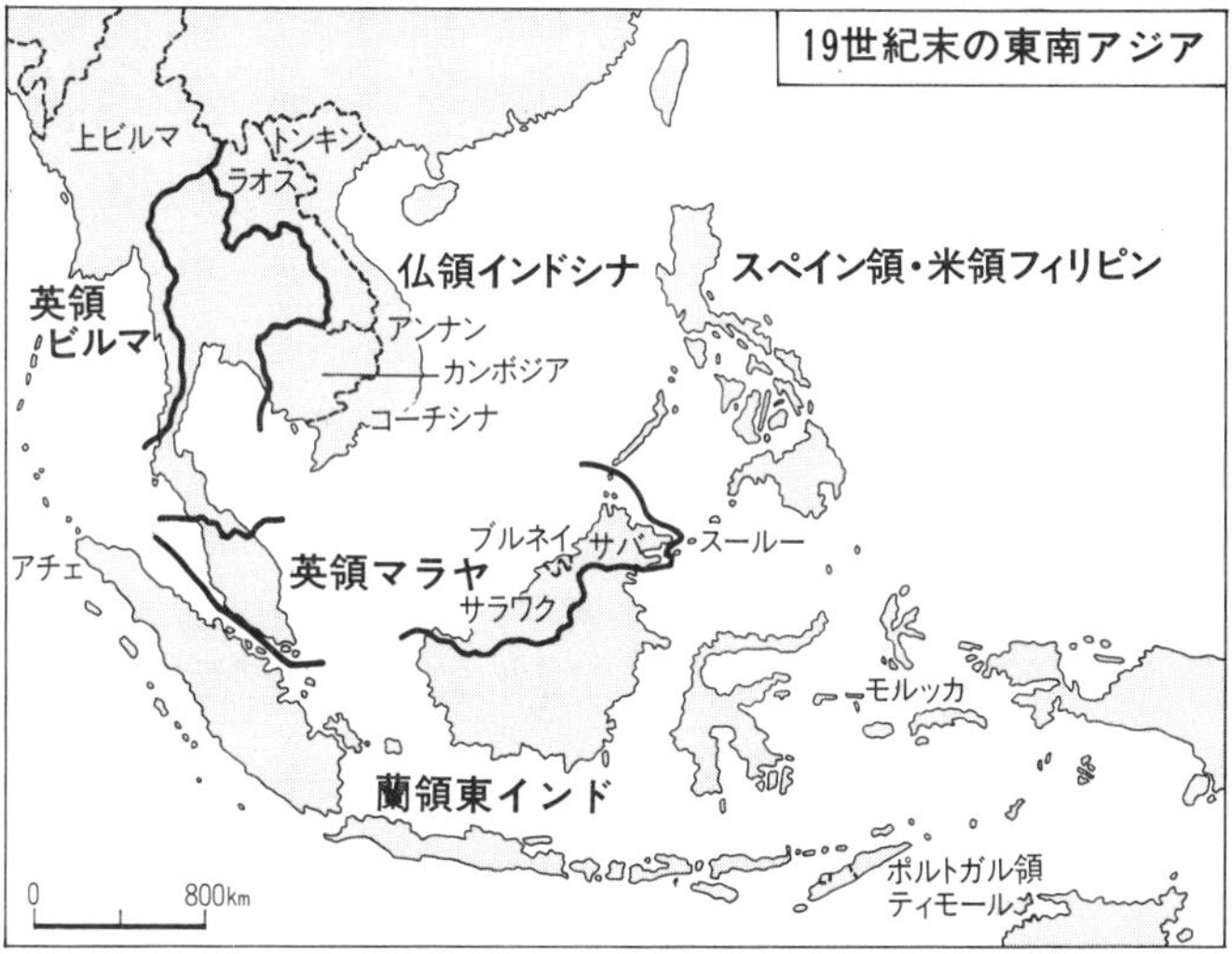
19世紀末の東南アジア
上ビルマ
トンキン
ラオス
仏領インドシナ
スペイン領・米領フィリピン
英領
ビルマ
アンナン
カンボジア
コーチシナ
ブルネイ
サバ
スールー
アチェ
英領マラヤ
サラワク
モルッカ
蘭領東インド
ポルトガル領
ティモール
0
800km

れらの周りにはジャワ人、中国人の阿媽《あま》、女中、下男がおり、またマレー人の農民、中国人の商人、アラブ人の金貸しがいる。かれらに原住民のことばはわからない。かれらにとってはそういう得体の知れない人々が周りにいるだけでも不安であり、ましてプランテーションの農業労働者が不穏な動きをしたり、押し込み強盗があったとなると、かれらはたちまちヒステリックに反応した。秩序維持は政府最大の課題となり、リヴァイアサンはなによりもまずこの白人社会の安全と福祉に奉仕するものとなった。

またもうひとつ、十九世紀後半、東南アジアにおこった大きな変化として、リヴァイアサン自体が成長し変貌した。一八二〇年代、三〇年代、東南アジア各地でよちよち歩きをはじめたリヴァイアサンは、十九世紀末までに東南アジアを分割してしまったばかりでなく、それぞれの領域においてその統治下にある社会を直接、捕捉するようになった。三角測量と人口調査によって地図が作成され、住民台帳、土地台帳が整備された。海峡植民地では中国語(福建語、広東語、潮州語など)のできるイギリス人官僚によって中国人秘密結社の登録がはじまり、オランダ東インドではジャワ語、ミナンカバウ語などの「地方」語を学んだオランダ人官僚によって旧慣調査の実施、慣習法典の整備が行なわれた。

これが間接支配から直接支配への移行をもたらした。たとえば、十九世紀半ば、強制栽培制度時代のジャワにおいては、マタラム王国時代以来の領主が各地で県知事として東インド国家の戦略的位置にあった。それは、これらジャワ人貴族が原住民内務官僚機構の長として、東インド国家におけるオランダ人部門と原住民部門の結節点となったためばかりではなかった。十九世紀、オランダ人官僚が頂点を占める東インド国家の機構は、原住民官僚、中国人のネットワークを経由してもっと下に行けば、行商人、やくざ、博徒、売春婦などの住むジャワ人、中国人入り交じった合法世界と非合法世界のトワイライト・ゾーンに埋め込まれていた。ジャワ人貴族はそういったトワイライト・ゾーンに至るインフォーマルなネットワークを握り、必要とあらば、やくざ、博徒などを使ってジャワ村落地域の実質的支配を行なった。これがかれらの力を裏書きした。オランダ人はそんなネットワークのことはおそらく知らなかっただろうし、かりに知っていてもなにもできなかった。しかし、十九世紀末までには、オランダ人にもこれが見えるようになった。ジャワ人県知事の「専横」がことあるごとに批判され、そのインフォーマルなネットワークがオランダ人の攻撃の対象となった。

同じことはアヘン請負についてもいえる。アヘン徴税請負はリヴァイアサンの成長に大いに貢献した。しかし、十九世紀末までには、この同じ制度がジャワ農民、中国人苦力《クーリー》を食い物にする中国人秘密結社の資金源とみなされるようになった。政府専売制度が導入され、イギリス人、オランダ人の「信用できる」中国人は力を失った。しかし、中国人のネットワークがなくなるわけがない。秘密結社が「国家の中の国家」として攻撃され、その指導者が次々と国外に追放された。

いずれにおいてもそこにある論理は同じだった。ここにはなにか「前近代的」で「不透明」で「腐敗」したものがある。これは「改革」されねばならない。こうしてオランダ東インドでは「原住民社会の進歩」の名の下、原住民エリートの教育促進、行政改革が実施され、また海峡植民地では「中国人の保護」のために華民護衛署が設立されて、秘密結社の取り締まり、移民の登録がはじまった。

こうしてみれば、十九世紀末、二十世紀はじめ、東南アジアに新しい世界が成立しつつあったことが理解されるだろう。十九世紀後半、日本が「富国強兵」の名の下、産業化の推進、国民教育の促進、近代的国家機構の編成、陸海軍の建設等によって近代化の途を歩んだとすれば、東南アジアではどこでも、植民地資本主義と植民地国家を中心として植民地的近代化がはじまった。そしてその結果、一九一〇年代ともなれば、当時、マニラ、シンガポール、バタヴィアなどに渡った日本人に日本以上に近代的と映ったような世界がこの地域に現れた。では、この新しい世界においていかにして安定した秩序を創出するか、これが「文明化」のプロジェクトの課題だった。

「文明化」のプロジェクト

このプロジェクトの基本にはごく単純な発想があった。陰気な顔をしたアラブ人がなにを見ているのか、わからなければ、わかるようにすればよい。お面のような顔をしたジャワ人官僚がなにを考えているのか、わからなければ、「われわれ」と同じように考えるようにすればよい。西欧文明の光によってアジアの暗闇を照らす、これがそのエッセンスだった。

このプロジェクトは二十世紀はじめ、オランダ東インドでもっともシステマティックに試みられた。原住民エリートのオランダ語教育がそこでの鍵とみなされた。なぜか。それには、オランダ人自由主義者がジャワ人の「近代のめざめ」と大いに歓迎したカルティニの書簡集『暗闇を越えて光へ』を見ればよい。

カルティニはルイ・クーペルスと同時代人で、一八七八年、ジャワ北海岸の地方都市ジェパラに県知事の娘として生まれた。彼女はヨーロッパ人小学校でオランダ語の教育を受けた最初のジャワ人女性のひとりであり、オランダ語の雑誌でジャワ人の民族的自覚、女子教育の必要を訴え、一九〇四年、二五歳でその生涯を終えるまで、多くのオランダ人とオランダ語で文通を行なった。その書簡の一部が、彼女の死後、ペン・フレンドの一人でオランダ東インド政府教育長官を務めたこともある自由主義者、J・アベンダノンによって出版された。これがカルティニの書簡集である。土屋健治は遺作『カルティニの風景』において、この書簡集に見える彼女の文章についておよそ次のように述べる。

たとえば、ジャワのワヤン（影絵芝居）において、語り部の表現する自然を自然についての描写であるとして取り出すことにはほとんど意味がない。自然はそれほどに「この世の人事」と一体化している。そこでの自然は常に「この世」の運命を暗示するものとして描かれるか、あるいは「この世」の力（典型的には王の力）を賞賛するシンボルとして描かれている。したがって、そこに認められるのは、伝統的な「決まり文句」にすぎない。しかるにカルティニにあっては、自然は自然それ自体としてあたかも風景画を描くように描かれる。その核心には「わたしは見る」あるいは「わたしは聞く」という「わたし」があった。カルティニはこのオランダ語の「わたし」を手に入れることによって、「あたかも画家がキャンバスの上に風景を描くように自然を描写」することができるようになったのである。

これはまさに洞察である。しかし、これに次のように付け加えてもよいだろう。カルティニはオランダ語の「わたし」を手に入れて、彼女の見るものをあたかも画家がキャンバスの上に描くように、対象化することができるようになった。そしてこのときカルティニの見る世界はオランダ人に読めるようになった。つまり、「わたしは見る」の「わたし」がなにを「見て」いるのか、オランダ人にも見えるようになった。クーペルスの「なぞ」はこのとき「なぞ」ではなくなった。カルティニが東インド「原住民」の「近代のめざめ」としてオランダ人自由主義者に歓迎されたのはこのためだった。彼女は「文明化」のプロジェクト成功のまぎれもない証拠だった。

近代政治の誕生

しかし、カルティニがオランダ語の「わたし」を手に入れたことの意義はこれにとどまらなかった。カルティニにとってオランダ語の「わたし」を手に入れ、「わたし」の見る世界を対象化できるということは、実は大きなショックだった。カルティニは、その書簡集において、このショックについてこう述べる。小学校を卒業しようとする頃、オランダ人の級友から「大きくなったらなんになるの」と問われたことがあった。彼女はなんと答えてよいかわからず、家に帰って父親に尋ねた。父親はなにも言わず、カルティニの頬を軽くつねって笑っただけだった。ここで彼女がなにを言っているか、明らかだろう。彼女はこのとき、いま、ここに、社会的現実としてある「わたし」とは別の「わたし」を想像する、想像できる、ということを発見した。これが彼女にはたいへんなショックだった。

このショックは、カルティニのようなオランダ語教育を受けたバイリンガルの「原住民」がオランダ語で書いているかぎり、個人的ショックにとどまった。バイリンガルの「原住民」の数など、たかが知れていたからである。しかし、オランダ語の「わたし」がムラユ語(未来のインドネシア語)の「わたし」に翻訳されると、これがたちまち大きな政治的意味をもった。別に難しいことを言っているのではない。わたしが、いま、ここに、社会的現実としてある「わたし」しか知らなければ、現実を揺らぎないものとして受け入れるほかない。しかし、多くの人々が、いま、ここに、社会的現実としてある「わたし」とは別の「わたし」を想像できるようになれば、そうした人たちが「もしわたしがオランダ人であったならば」「もしわたしがオランダ東インド総督であったならば」「もしわたしが県知事であったならば」と問うようになるのは時間の問題である。そのときオランダ東インドの植民地秩序、社会秩序はもう自明のこととしては受け入れられない。

これが、近代的な政治、あるいはもっと平たくいえば、われわれがそれを見て、ああ、これは政治である、とただちにわかるそういう政治を生み出した。たとえば、われわれは、ジャカルタのアメリカ大使館前で数十人の人たちがプラカードをもって立っていれば、ああ、デモだ、とわかる。またインドネシア大学のキャンパスに数百人の学生が集まってだれかがその前でマイクをもって話をしていれば、ああ、これは集会だ、とわかる。こういう政治がはじまった。集会が開催され、新聞が発行され、政党が結成され、ストライキが行なわれた。一九一〇年頃からのことである。これは今日、ナショナリズムの誕生と一般には理解されている。こうした新しい近代的な政治のなかから、独立運動、つまり、かつて十九世紀、上から、外から、異物として東南アジア各地に移植されたリヴァイアサンを、これは「われわれの」国家である、として「われわれ」国民に「回復」する運動が生まれたからである。しかし、新しい政治はそれ以上のもの、混沌のエネルギーとでもいうほかないものを解放した。

それがどういうことか、それには一九一〇年代、二〇年代、たとえばインドネシアでなにがおこったか、見ればよい。バイリンガルのジャワ人、スワルディ・スルヤニングラットが「もしわたしがオランダ人であったならば」の一文をオランダ語で記し、これがムラユ語に翻訳されてオランダ「流刑」処分となったのが一九一二年、この年、東インド最初の大衆集会も開催された。これが東インドにおける近代的政治の到来を告げた。ついで一九一六、一七年頃、労働組合、農民組合が次々と結成され、各地でストライキが行なわれた。一九二〇年にはアジア最初の共産党、東インド共産主義者同盟が結成され、一九二五年にはこれがインドネシア共産党と改称、一九二六—二七年にはその指導下、「革命」の名の下に、ジャワ、スマトラで武装蜂起が行なわれた。

なぜこういうことになったのか。おそらく二つの理由があるだろう。そのひとつはきわめて単純である。新しい近代的な政治は、「原住民」の多くが、いま、ここに、社会的現実としてある「わたし」とは違う「わたし」を想像するようになったときにはじまった。こうした人々が、「もしわたしがオランダ人であったならば」「もしわたしがオランダ東インド総督であったならば」と問うているかぎり、そこで問題となるのはオランダ東インドの植民地秩序である。しかし、そうした人々が「もしわたしが県知事であったならば」「もしわたしがスルタンであったならば」と問うようになれば、社会秩序それ自体が問題となる。そのとき「革命」と「新社会の建設」がそれなりに説得力をもったとしても驚くにはあたらないだろう。

もうひとつ、それ以上に重要な理由は、おそらく言語そのものにあった。それはムラユ語に即していえば、ムラユ語の「わたし」が、オランダ語の「わたし」のようには飼い慣らされていない「わたし」、ワイルドな「わたし」だった、とでもいえばよいだろうか。それがどういうことか、それを見るには、ムラユ語の「わたし」をオランダ語の「わたし」と比較すればよい。カルティニはオランダ語の「わたし」を手に入れることでオランダ人自由主義者の「期待される原住民」像となった。それは、これによってカルティニの「わたし」がなにを「見ている」か、オランダ人に「読める」ようになったためばかりではない。カルティニはオランダ語を学ぶことでオランダ語に内在する社会地図と権威を受け入れた。たとえば、カルティニは、彼女が「クレイン・スヘーフェニンゲン（小スヘーフェニンゲン）」と呼ぶジェパラの海岸をこう描写する。

「わたしどもが鳥の歌声という美しい交響曲を耳にしてわれを忘れる時に、神がわたしどもを耳が不自由なままで生んでくださらなかったことに感謝します。クレイン・スヘーフェニンゲンにあって、すべてが静謐で平和で詩的であり、また太陽がこの上なく美しく沈んでゆくその夢のような海辺を目の前にする時、わたしどもによく見える眼が授けられていることに対する感謝の念はいやまさるのです。そしてまた、見渡す限り天にまで至るさざなみに不思議なかがやきと色紋とが広がるのを目にして、森羅万象を形づくりこれを統べている不可視の偉大な精神への感謝の念がわきおこるのです」

くだくだしい説明は不要だろう。ここにはカルティニの「わたし」が「交響曲」（それはジャワの伝統的音楽、ガメランでもなければ「ブンガワン・ソロ」のようなバタヴィアの民衆音楽、クロンチョンでもなく、「われわれ」オランダ人がアムステルダムのコンチェルト・ヘバウで楽しむような交響曲である)、「クレイン・スヘーフェニンゲン」(スヘーフェニンゲンはハーグ近くの海岸で、その大きさ、美しさからいえば、実はこちらを「クレイン・スヘーフェニンゲン」と呼んだ方がよい)、「不可視の偉大な精神」などによってオランダ語に内在する社会地図にしっかりと繋がれている。

しかし、このオランダ語の「わたし」がムラユ語の「わたし」に置換されると、「わたし」はたちまち荒涼としたほとんど地図らしい地図もない領域を動きはじめる。これはムラユ語においてとくにそうだった。ムラユ語がリンガ・フランカ、つまり、だれの言語でもない言語、その故にだれの言語にもなりうる言語として、まだその内に安定した社会地図も言語そのものに内在する権威ももっていなかったからである。そういう言語にあっては「わたし」はどこにも繋がれず、漂流するほかない。このような「わたし」の漂流はムラユ語に特殊な現象というわけでもなかった。それはごく単純な理由によった。ビルマの初代首相ウ・ヌーの述べたように、近代国家は自動車のようなものであり、自動車がなんの存在論的意味ももたないのと同様、国家はそれ自体としてはなんの存在論的意味ももたない。そういう国家が異物として東南アジア各地に移植され、十九世紀末までには、これが圧倒的な力をもって社会を支配するようになった。ではこれはなにものなのか。これにはどのような意味があるのか。かつてまんだらを支えた東南アジアの言語はその答えをもたなかった。これが言語に内在する権威を破壊した。ワイルドな「わたし」の漂流はそうした権威の不在を指示するものだった。

リヴァイアサンの二十世紀的転回

ではいかにしてこの危機に対処するか。この問題に原理的に対処するにはナショナリズムの処方箋、つまり「これはわれわれ国民の国家である」と言って、リヴァイアサンに存在論的意味を与えるしかない。しかし、植民地政府にはこれはできなかった。ではどうするか。

オランダ東インドでは、政府は大きく二つの処方箋を出した。ひとつはリヴァイアサンのさらなる整備、とりわけ警察機構の近代化だった。近代的警察機構は一九一〇年代に編成され、一九一九年にはその仕上げとして特高（政治警察）が設立された。また一九二〇年代にはコミンテルンの活動に対応して東南アジアにおける政治警察の国際協力体制が成立した。

もうひとつは「牢獄・収容所」列島の編成、そしてこれにもとづくムラユ語の東インド社会地図の創出である。これには少し説明がいるだろう。先にもふれたように、東インドでは、一九二六—二七年、インドネシア共産党の指導下、「革命」達成を目的に武装蜂起が行なわれた。これはすぐに鎮圧された。しかし、この事件は政府と白人社会にはたいへんなショックだった。こうして政府は、事件直後、共産党活動家の一斉逮捕、収容を決定し、一九二七年、オランダ領ニューギニアのディグール川上流、タナ・メラ(赤い土地)の地に収容所を設立した。ここには一九三〇年までにおよそ一三〇〇人の政治犯とその家族が収容され、それ以降は収容者のうち「品行方正」なる者が釈放されるとともに、共和国党、国民党など、共産党以外の「革命政党」の指導者、活動家も収容されるようになった。こうして一九二〇年代末までには、「ディグール」は「収容所」とほぼ同義となり、地下共産党の活動家がその暗号において「牢獄」を「病院」、「ディグール」を「中央病院」と呼んだように、東インドは「牢獄・収容所列島」として想像されるようになった。

東インド政府はこれを基礎に、ムラユ語の社会地図を作成した。別に難しいことを言っているのではない。たとえば、人々が「モスクワ」「コミンテルン」「共和国党」「共産党」「革命」「独立」などのことばを聞いて、ただちに「警察」「特高」「逮捕」「牢獄」「流刑」「ディグール」などを連想するようになれば、「モスクワ」「共産党」「独立」などのことばは人々の意識において「立ち入り禁止」の標識となる。そしてかりにそれでもなお「共産党」に参加して「独立」「革命」を訴えるならば、そういう人々には「警察」「逮捕」「牢獄」「ディグール」の運命が待っている、ということを現実に示せばよい。日本語にならないことを十分承知の上であえていえば、「警察する」とでもなるだろうか。英語には警察 police の派生語として policing ということばがある。これには一般に「取り締まる」「治安を維持する」などの訳語が与えられているが、意味はもっと広い。では policing の理想はなにか。self-policing だろう。自分で自分を取り締まる、規制する、監視する、つまり、自分のなかに警察官がいて、なにかしようとすると、おい、こら、とやる、これが理想である。政府が東インドを「牢獄・収容所列島」とすることによってムラユ語の社会地図を作成し、そこに「モスクワ」「共産党」などの「立ち入り禁止」の標識を立てたのは、そういう self-policing を原住民にやらせるためだった。こうして「文明化」のプロジェクトは結局、警察国家をもたらした。

こうしてみれば、「文明化」のプロジェクトには「見る」ということをめぐって一定の論理のあったことがわかるだろう。「われわれ」は「見られている」、それに気づいて「われわれ」は「かれら」を「見る」、しかし、見れば見るほど「われわれ」には「かれら」がなぞとなる。「かれら」がなにを考え、なにを見ているのか、わからなければ、わかるようにすればよい。このとき「文明化」のプロジェクトがはじまった。「かれら」に「われわれ」の「わたし」を教え込む、それが基本戦略だった。ところがこれが新しい問題を生み出した。近代的な政治が誕生し「土語」における権威の不在を暴露した。ではどうするか。「かれら」が不埒なことを考えないよう、「かれら」を「見ている」だけでは不十分である。policingの理想はself-policingにある。「われわれ」が「かれら」を「見ている」ことを「かれら」に思い知らせ、「かれら」が自分で自分を「見る」ようにさせる。こうして「文明化」のプロジェクトは警察国家を論理的帰結とすることになった。

ではこの「文明化」のプロジェクトは世界史的にどのような意味があっただろうか。ここで思い出されるのが、これと同じ頃にはじまったもうひとつの自由主義プロジェクト、言語、宗教、民族、出身などを異にするさまざまの移民からアメリカ市民を作り出す「アメリカ化」のプロジェクトである。古矢旬氏は、好論文「アメリカニズム、その歴史的起源と展開」（東京大学社会科学研究所編『20世紀システム（1）構想と形成』所収）において、二十世紀アメリカニズムとしてのフォーディズムについておよそ次のように述べる。

フォードは「私は自動車の製造業者というよりもむしろ人間の製造業者である」と語ったというが、まさにそのことばの通り、かれはその労働者管理の方式において、労働者を工場、家庭生活、近隣生活、その総体で捉え、かれらを市民として教育することによって理想的アメリカ人を作り出そうと試みた。フォードの工場を支配した原則のひとつは「部品の交換性」だった。この原則が自動車の部品ばかりか、労働者にも適用された。「エスニシティや伝統的な習慣に由来する労働者個々のパーソナルな規定性を完全に払拭した世界、人が取り替え可能な機械の部品のように作動する世界の実現」が理想となった。つまり、別の言い方をすれば、フォードのプロジェクトとは、「中産階級的な理性とセルフ・コントロールとを持し、機械化に対応可能な合理性を有し、産業社会全体への貢献を自己のしめる持ち場において着実に果たしうる労働者という抽象的で新しい人間のモデル」、このモデルに遵《したが》って新しい人間を創出しようという人間改造計画だった。この計画の画期的な点は、それが十九世紀に構想されたユートピア的コミュニティ、「企業タウン」などのように労働者を空間的に隔離するのではなく、生産活動と消費生活の両方の現場において一定のインセンティヴを与え、かれらを内面から「改造」すること、そしてそれによって「人や集団を歴史の呪縛から解放」することにあった。

これが二十世紀アメリカニズムを生み出した。このプロジェクトはいまだにわれわれとともにある。それは「アメリカ化」の原動力がアメリカの産業資本主義そのものに据えられていたからである。これに対し、「文明化」のプロジェクトは、「文明」の名において東ティモール危機に介入したオーストラリアのハワード首相のような信奉者がなおいるにせよ、基本的にはとっくのむかしに破産したプロジェクト、いまとなってはまったくの時代錯誤のプロジェクトとなっている。その理由はきわめて単純である。ラッフルズの自由主義プロジェクトと同様、「文明化」のプロジェクトもリヴァイアサンをそのエージェント（担い手）とするものだった。東南アジアに「アメリカ化」の原動力となったような産業資本主義が存在しなかったからである。したがって、このプロジェクトはそれがリヴァイアサンの警察国家への変容をもたらしたときすでに破産していた。これを如実に示したのが日本軍の東南アジア進攻だった。このとき東南アジアの「原住民」はフィリピンを別として、どこでも日本軍にまるで抵抗しようとはせず、ただ白人の支配者が敗走し降伏する有様を他人事として見守るだけだった。このあと、リヴァイアサンは一九四〇年代の日本軍の占領と革命・反革命の時期にまるで積み木の家が崩れるようにもろくも崩壊した。そしてこのとき、ラッフルズの時代にはじまったイギリス主導の地域秩序も事実上、その終焉を迎えたのだった。

第六章　新しい帝国秩序

一九四〇年代、戦争と革命と反革命の時代に、世界の政治経済構造には大きな地殻変動がおこった。これによって東アジアの地域秩序は十九世紀以来の変容を経験した。それがどれほど大きな変化であったか、それを見るには、いまわれわれが「東アジア」ということばでどのような地図を想起するか、少し考えてみればよい。

大陸には中華人民共和国がある。朝鮮半島では韓国と北朝鮮（朝鮮民主主義人民共和国）が対峙し、台湾海峡をはさんで台湾（中華民国）と中華人民共和国が睨み合っている。またさらにその後方には日本が控え、台湾の南にはベトナム、フィリピンからインドネシアに至る東南アジアの国々が広がる。こういう地図は一九四〇年代末以降に成立した新しい地図である。超大国アメリカの登場、大日本帝国の解体、中華人民共和国の成立、東南アジア諸国の独立、そういった変化がこの地図をもたらした。では一九四〇年代の地殻変動のあと、アジアにはどのような政治経済秩序が形成されたのか。

新しい地域秩序

アジアにおける新しい地域秩序の形成にもっとも重要な役割をはたしたのはアメリカだった。新しい秩序がアメリカの思い通り、粘土細工のようにつくられたというのではない。しかし、一九四〇年代の地殻変動がようやくおさまりはじめた頃、この地域にどのような秩序を構築したものか、そういう構想の基本はワシントンで、ディーン・アチェソン、ジョージ・ケナン、ジョン・フォスター・ダレスといった人々によって考えられた。そしてアメリカ政府はそうした構想を実行する力と金と意志をもっていた。

この当時、一九四九―五〇年頃、ワシントンから見れば、アジアには二つ大きな問題があった。そのひとつは国際共産主義の脅威にどう対処するか、どうやってソ連、中国（中華人民共和国）を封じ込めるか、という問題だった。もうひとつは、日本を経済的に復興させ、米国の同盟国として独立させる、しかし、日本が二度と米国の脅威にならないようにする、それにはどうするか、という問題だった。

この二つの問題を解く上で日本が鍵となった。あるいは別の言い方をすれば、かつて十九世紀半ば、シンガポール、香港、上海がアジアにおけるイギリス自由貿易帝国建設の戦略拠点となったように、こんどは日本がアジアにおけるアメリカの非公式帝国建設の戦略拠点となった。それはごくあたりまえのことだった。アジアにおいてアメリカの必要としたのは「アジアの工場」＝「アジアの兵站基地」だった。この要件を満たすことができるのは日本だけだった。これがアジアにおける日本の中心性を保証した。しかし、この中心性はあくまでアジア地域秩序におけるアメリカの構造的優位を脅かさないかぎりでの中心性でなければならない。そういうシステムをどう構築するか、それが基本的問題だった。

米国がこの問題にどのような答えを出したか、安全保障についてはよく知られている。「二重の封じ込め」がその答えだった。日本から東南アジア、インドを経由してペルシャ湾の石油地帯まで、アチェソンの表現を借りれば「大きな三日月」によって国際共産主義の脅威を封じ込める、これがひとつの封じ込めである。そしてアジアではこのために、ちょうど自転車の車輪のように、米国を車軸、米日、米韓、米台、米比、米タイなどの二国間の安全保障条約、基地協定をスポークとする安全保障体制が構築され、これがハワイの太平洋司令部指揮下の米軍の前方展開を保証した。

もうひとつの封じ込めは日本の封じ込めである。これには少し説明がいるだろう。一九四〇年代末、日本の政治的独立はもう時間の問題となっていた。しかし、日本が政治的に独立し、経済的に復興して、ふたたびアメリカの脅威となるのでは困る。どうするか。日本の頸動脈に軽く手を置いておいて、いったんことあるときにはこの手に力を込めると日本がたちまち失神してしまう、そういう仕掛けをつくっておけばよい、これがときの国務省政策計画局長ジョージ・ケナンの答えだった。ケナンがそこで考えたのは、日本の軍事力をアジアにおける米国主導の安全保障体制に組み込むこと、そして日本のエネルギー供給を米国がコントロールすることだった。

日本はこうしてアジアにおける米国主導の安全保障戦略の要《かなめ》となった。日本の軍事力が米国主導の安全保障体制に組み込まれ、日本が（ヨーロッパにおけるドイツと同様）「半主権国家」になる、これが日米同盟の基本的前提だった。

一方、経済においては、日本・東南アジア・米国の三角貿易体制の構築がその答えとなった。たとえば、ダレス国務長官は吉田茂首相に対し、賠償は将来への投資である、日本はできるだけ早く東南アジア諸国と賠償交渉を締結し、国交を回復して経済協力を推進すべきである、と勧めている。そこでの考え方はきわめて直截であった。日本はその経済復興に原料輸入、製品輸出市場を必要とする。戦前には中国がこれを提供した。しかし、大日本帝国の解体、中華人民共和国の成立によってそうした経済関係はすでに崩壊してしまった。また中国封じ込めには日本が原料輸入、製品輸出をふたたび中国に依存したのでは困る。ではどうするか。東南アジアが中国に代わって日本への原料輸出、日本からの製品輸入を引き受ける。これによって日本の経済復興と東南アジアの経済開発を同時に達成する。そしてこれがうまく回るように米国がドルを提供し、これによって日本・東南アジア・米国の三角貿易システムを構築する。これが基本的な考え方だった。東南アジアはこのときはじめて日本にとって意味をもつようになった。日本・東南アジア関係は、日本・東南アジア・米国の三角貿易システム構築の一部としてはじまった。したがって、あたりまえのことながら、日本・東南アジア関係とはまずもって日本・東南アジア「経済協力」関係のことだった。

これが基本的構想だった。構想と形成には常に乖離《かいり》がある。だからアジアの地域的政治経済秩序が米国の構想の通り、ただちに実現されたわけではもちろんない。それは歴史を振り返れば明らかである。日本の戦後復興にとって決定的に重要だったのはまずは朝鮮特需であり、米国市場だった。一九五〇年代、日本の東南アジア復帰は賠償問題もあって遅々として進まず、実際には日本・東南アジア経済協力の名の下に南アジアとの経済協力が模索された。日本と東南アジアの経済協力が軌道に乗るのは一九六〇年代も半ばになってからのことだった。またアジアの地域的政治秩序もワシントンの構想の通りに実現されたわけではない。一九六〇年代、スカルノはピョンヤン・北京・ジャカルタ枢軸を唱えて米国に挑戦し、一九七〇年代にはインドシナにおける共産主義勢力の勝利によって米国は、大陸部東南アジアから撤退をよぎなくされた。しかし、それでも、一九六〇年代末頃までに、韓国、日本から台湾、香港を経てフィリピン、タイ、マレーシア、シンガポール、インドネシアに至る「海のアジア」の領域に、米国主導の安全保障体制と日本・東南アジア（そして韓国、台湾）・米国の三角貿易システムを基礎としてそれなりに安定した新しい地域的な政治経済秩序が成立した。これがいまでも東アジアの地域構造の基本をなしている。つまり、一九四九―五〇年頃、アチェソン、ケナン、ダレスのような人々がワシントンで構想したことが、紆余曲折の末、細部にはいくらでも乖離のあるものの、大筋ではともかく実現された。これは驚くべきことである。ではなぜこういうことがおこりえたのか。

これはたいへんな問題である。しかし、ごく簡単には、次のようにいえるだろう。第二次大戦後、米国がアジアに構築した新しい地域秩序は、かつての植民地帝国とは違って、領域支配を必要としない秩序、形式的な主権国家システムと矛盾しない非公式帝国秩序だった。問題はいかにしてこの秩序への挑戦を封じ込め、いかにしてこの地域の国々をこの秩序に統合するかにあった。米国はこれを二つのプロジェクト、「半主権」プロジェクトと「ヘゲモニー」プロジェクトによって達成した。

半主権プロジェクトについてはすでに述べた。ケナンのいう日本の頸動脈に軽く置かれた手、これが半主権プロジェクトだった。ここで半主権とは、要するに、マックス・ウェーバーが「国家」を定義するときに思い浮かべたであろうような十九世紀ヨーロッパの主権国家の理想に照らしてみて、とても主権国家とはいえない、そういう国家を形容することばである。第二次大戦後、かつての植民地帝国はほぼ姿を消し、かつてとは比較にならない数の主権国家が世界を覆うことになった。しかし、そうした主権国家のほとんどは、十九世紀ヨーロッパの主権国家の理想に照らしてみれば、およそ主権国家とは言い難い。東アジアの地域では、

米国外交官ジョージ・ケナン

いま古典的な意味での主権国家たらんとしているのは中国だけである。これを別とすれば、日本でも、韓国でも、東南アジアの多くの国々でも、米国の力がなんらかのかたちで国家機構そのもののなかにビルト・インされている。

また付言しておけば、アジアの地域秩序における中国のむつかしさも半主権の概念に照らして理解できる。中国は、一九七〇年代の米中、日中国交回復を経て、一九八〇年代以降、東アジアの地域的経済秩序に参入した。しかし、中国は米国主導の地域的安全保障体制には入っていない。また「台湾問題」解決のためには武力行使の可能性も排除せずと、いまだに十九世紀的な主権国家ゲームをやろうとする。アジアの地域秩序において主権国家ゲームができるのは原理的にいえば米国だけである。それが米国のユニラテラリズムの趣旨である。しかし、中国はこれを受け入れない。つまり、中国はアジアの地域秩序に半分入り、半分入っていない。それが中国を不確定要因とする。

アジア地域秩序構築にあたって米国の行なったもうひとつのプロジェクトは、「ヘゲモニー」プロジェクトだった。ヘゲモニーは通常、覇権と訳される。しかし、これは誤解を招きやすい。少し説明的ではあるが、ヘゲモニーは「構造的力」とでも訳した方がよい。それはこういうことである。ここにひとつの場があり、A、B、C、D……の行為者がいるものとする。この場にわたしがある仕掛けをする。そうすると、A、B、C、D……といった行為者がそれぞれ自己利益の追求のために行なうさまざまの行為が、またわたしの利益にもなるようになる。そのときわたしはこの場でヘゲモニーをもつ。別にむつかしいことを言っているのではない。たとえばマイクロソフトがコンピューター・ソフトの世界でもっている構造的力、場の構造そのものにビルト・インされた力を考えればよい。それがヘゲモニーである。問題は米国がアジア地域秩序にどのような仕掛けをしたかである。それは一言でいえば、「豊かさ」の夢、そしてそれを実現する経済成長への信仰、とでもいえばよいだろうか。しかし、これについてはもっと突っ込んだ説明がいる。

ジャパン・アズ・ナンバー2

まず日本から考えよう。過去五〇年、日本のアジア外交にどのような準則があったろうか。大きく三点、指摘できるだろう。

その第一は経済協力である。五五年体制下における日本政治の基本的特徴は、階級対立の問題を経済成長への国民的合意に転換する「経済成長の政治」「生産性の政治」にあった。経済の成長によって国民の生活水準が毎年向上する、それが長期的な国民の福祉、政治の安定、社会の調和をもたらす、これが基本だった。したがって、日本の国益はマクロ経済的に定義され、経済成長と産業構造高度化が国策の課題となった。アメリカの構築する地域秩序を前提として、日本としては「経済協力」がそうした国策の課題達成の手段となった。ただし、その内容は時代とともに変わる。一九五〇―七〇年代には、輸出振興、資源調達が経済協力の二大目的だった。それは、たとえば一九五八年の通商白書において、日本製品の安定的市場の確保と原材料の安定的調達が経済協力の目的と述べられている通りである。しかし、一九八〇年代末までには、東南アジアの経済発展それ自体が日本の経済協力の目的となる。

第二は、一九五〇年代の岸信介首相のことばを借りれば、「アジアの盟主」日本である。これには少し説明が要るだろう。戦後アジアの地域秩序において日本はアメリカのジュニア・パートナー、アメリカのナンバー1に対するナンバー2の地位を占めた。その意味でアジアにおける日本の地位は戦前と戦後では決定的に違うものだった。大東亜共栄圏の建設においては日本（大日本帝国）はみずからを盟主（ナンバー1）としてアジア新秩序の構築を試みた。だから日本は英米本位主義を排し、アジア主義に訴えた。しかし、戦後アジアの地域秩序はアメリカを盟主とする新秩序である。この秩序を受け入れるかぎり（つまり、日本の頸動脈に置かれたアメリカの手をはずそうとしないかぎり）、日本が英米本位主義を排し、

首相就任後、訪米してダレス国務長官と話し合う岸首相（1957年6月）（WWP）

アメリカに挑戦することなどありえない。しかし、日本がアメリカの新秩序構築の戦略拠点としてアジアにおいて中心性を有することもまた事実である。したがって、アメリカをとりあえずシステムの外においてみれば、システムの中で「アジアの盟主」を語ることはできる。末廣昭氏によれば、岸首相はその回想のなかで、一九五七年、東南アジア諸国歴訪の意図をこう述べているという。「私は総理としてアメリカに行くことを考えていた。それには東南アジアを先に回って、アメリカと交渉する場合に、孤立した日本ということではなしに、アジアを代表する日本にならなければならない、という考えで行ったわけです」(末廣昭「経済再進出への道」『戦後日本、占領と戦後改革(6)戦後改革とその遺産』岩波書店、所収)。戦後日本のアジア主義としてこれほど政治的リアリズムに裏打ちされたものはない。このアジア主義は英米本位主義と対立しないアメリカのジュニア・パートナーとしてのアジア主義、しかし、それでいて日本人のナショナリズムをそれなりに満足させるアジア主義である。

一九七〇年代後半、福田赳夫首相のASEAN(東南アジア諸国連合)外交もこうしたアジア主義の観点から理解できるだろう。一九七〇年代、アジアでは小さな地殻変動があった。一九七一年の二つのニクソン・ショック(ニクソン大統領の訪中声明と金・ドルの交換停止)、第一次石油ショック、東南アジアにおける反日ボイコット、反日暴動、インドシナにおける共産主義勢力の勝利などとして記憶されている変化である。福田首相のASEAN外交は、中国との平和友好条約締結、経済協力の開始とともに、こうした変化に対応する試みだった。これには二つの目的があった。そのひとつは地域協力機構としてのASEAN支援、日本・ASEAN関係の緊密化だった。ASEANが日本において東南アジアに代わる新しい地域概念となり、日本・ASEAN関係が日本外交の大きな柱となるのはこの時期からのことである。もうひとつは共産主義勢力支配下のインドシナとASEANの平和共存を実現し、東南アジアが超大国対立の場とならないようにするということだった。これはベトナムのカンボジア進攻で成功しなかった。しかし、ここに「アジアを代表する日本」「アジアの盟主、日本」といった岸の意味でのアジア主義を見ても誤りではないだろう。

アジアにおける日本の第三の行動準則は日米協調である。これは日本がアメリカのジュニア・パートナーであることからすればあたりまえのことである。たとえば一九六〇年代後半、ベトナム戦争の時代には、日本の対タイ、カンボジア、ラオス、南ベトナム援助、アジア開発銀行設立、これらすべてにおいて日本は米国主導の「自由アジア」支援を「応分の負担」の名の下に行なった。また一九六六年成立のスハルト新秩序体制下のインドネシアには、一九六七年から七〇年までは対インドネシア援助総額の四分の一、一九七〇年代前半には三分の一を日本が提供した。こうした日米協調はベトナム戦争後も変わらない。一九七八年、ベトナムのカンボジア進攻のあと、タイが「前線」国家となると、日本は援助を大きく拡大し、タイは一九八〇年代には日本援助第三の供与国となった。また日本の対フィリピン援助は一九八六年革命によってアキノ政権が成立するとともに増加し、援助はアキノ政権支援のためばかりでなく、フィリピンにおける米軍基地維持のための「政治的梃子《てこ》」としても使われた。

このように日本の対東南アジア政策には、経済協力、岸の意味でのアジア主義、そして日米協調（戦前のことばでいえば「英米本位主義」）、この三つの行動準則が織り込まれた。このあいだにはもちろん緊張がある。しかし、そうした緊張は、戦後日本の「経済成長の政治」、アジア地域秩序における日本の中心性、そして日米同盟における日本の半主権性からして、ごくあたりまえのことである。それ以上に重要なことは、アジアにおける日本のこうした行動準則が自己利益の追求と秩序維持の要請を同時に満たしてきたことである。これはアジア経済危機を経て東アジア、東南アジア諸国の国内政治経済体制が大きく変わりつつある現在においてもなお変わっていない。それは一九八〇年代後半以降の日本の総合的経済協力政策、アジア経済危機における日本の対応に見る通りである。

よく知られるように東アジアの地域的な経済発展は一九八〇年代半ばにはじまった。プラザ合意後の日本の直接投資、NIES（新興工業経済地域）の直接投資の拡大がその大きな要因だった。日本を先頭として、これに韓国、台湾、香港、シンガポールのNIESが続く、そしてそのあとにタイ、マレーシア、インドネシアのASEAN諸国が続き、さらにそのあとに中国、フィリピン、ベトナムが続く、そういう雁行《がんこう》形態の地域的な経済発展によって東アジア（日本、韓国、中国、台湾、香港）と東南アジアを合わせた広い意味での「東アジア」がはじめてそれなりに意味のある地域概念となり、この地域が二十世紀の成長センターと見なされるようになった。日本の「総合的経済協力」はこれを踏まえた対アジア政策だった。ここでは日本の経済協力はもうかつてのように輸出振興、資源調達を意味しない。日本の直接投資、構造調整・インフラ整備・人材養成のための日本の援助、NIES、ASEAN諸国からの輸入拡大、これによって東アジアの経済発展を促進すること、それが経済協力の目的とされた。

この「総合的経済協力」に、上に述べたような行動準則のすべてが織り込まれていることは明らかだろう。日本企業のアジアへの生産拠点の移転によって、日本の産業の将来を日本という枠で考えることはもうできない、そういう時代に国境の外で、日本の援助によって日本企業の事業活動に資する、そういう経済協力の標準的な考え方がまずその基本にある。東アジアを日米協調の場とすることによって「開かれた地域主義」に資するとの考え方もある。さらにはまたアジアの政治的安定と経済的発展はそれ自体、日本の利益である、そういう戦略的判断にもとづき、インフラ整備、人材育成、金融市場整備などにおける日本の援助によってアジアの経済発展を推進しようという考え方もある。そしてこれらすべての基礎に経済成長があらゆる問題解決の鍵であるとの信仰がある。これは戦後日本の「経済成長の政治」を支えた基本的前提である。総合的経済協力政策はその意味で日本の「経済成長の政治」を外延的に国境の外、アジアに拡大する試みであり、アメリカのヘゲモニーが結局のところ、そうした「豊かな社会」への夢、それを実現する経済成長への信仰に基礎を置くものであってみれば、日本の「総合的経済協力」はチャルマーズ・ジョンソン、ジェームズ・ファローズのようなアメリカの「日本専門家」から、「大東亜共栄圏パート2」構築の試みといかに批判されようと、実のところ、アメリカの構築したアジア地域秩序のさらなる安定化をもたらすものであって、いかなる意味でもこれに挑戦するものではなかった。

ではアジア経済危機によってそうした事情に大きな変化がおきたろうか。たしかに「総合的経済協力」のヴィジョンはアジア経済危機のなかで怪しくなっている。またアジア経済危機への対処方には日本とアメリカでかなりの対立があった。しかし、アジアをふたたび成長の軌道に戻すことについては完全な合意があるし、地域システムの安定ということからすれば、それこそが重要なことである。あるいはそれはこう言ってもよいだろう。一九九七年、日本はアジア通貨基金設立を考え、アメリカの反対で潰された。ではかりにアジア通貨基金がつくられていたとすれば、アジアの地域秩序に大きな変容がもたらされただろうか。おそらくそんなことはないだろう。アメリカが拒否権をもつ世界銀行と日本が拒否権をもつアジア開発銀行があるように、アメリカが拒否権をもつIMF（国際通貨基金）と並んで日本が拒否権をもつAMF（アジア通貨基金）ができただけの話である。アジア経済危機はその意味でただちにアジアの地域システムに変容を迫る問題ではない。アジア経済危機のマグニチュードは一九七〇年代の危機の規模ではあっても、一九四〇年代の地殻変動のようなものではなかった。

上からの国民国家建設

ではアメリカを中心とした戦後アジアの地域秩序にアジアの国々はいかにして組み込まれたか。アジア経済危機はいまここでどのような問題のあることを示しているのか。東南アジアについて見てみよう。

東南アジアの国々は第二次大戦後、一九四〇年代後半から一九五〇年代にかけて独立を達成した。インドネシア、北ベトナムのように革命によって独立を達成した国もあれば、マラヤ（マレーシア）、フィリピンのように反革命のあと、植民地宗主国によって独立を付与された国もあった。しかし、いずれの国においてもナショナリズムが時代の潮流となり、アメリカが米国・日本・東南アジアの三角貿易システムを構想し、日本が輸出振興、資源調達を目的として東南アジアとの経済協力を呼びかけたところで、こうした国々の政府がそれをただちに受け入れるということではなかった。しかし、国家は独立して国民国家となれば、なんらかのやり方でこの国家がたしかに国民の国家であることを示さなければならない。社会主義がそうした国家建設・経済建設のひとつのモデルを提供した。ベトナム、ビルマなどがこのモデルを選択した。これに対し、タイ、マレーシア、インドネシア、フィリピン、シンガポールなど、アメリカ主導のアジア地域システムにまず統合された国々では紆余曲折の末、そうした国家建設、経済建設を上から権威主義的にやろうとした。それが「上からの国民国家建設」ということだった。これが東南アジアにおける近代国家、リヴァイアサンのさらなる変貌をもたらした。これについては章をあらためて述べる。とりあえずここで論じておきたいことは、こうした上からの国民国家建設とこれらの国々の地域システムへの統合は連動しており、この二つを結んだのが「開発」イデオロギーであったということである。

それがどういうことか、それには開発主義の歴史的起源を考えればよい。開発主義の基本的特徴は上からの国民国家建設と経済成長イデオロギーの結合にある。これが原型としていかにして誕生したか、末廣昭氏は好論文「発展途上国の開発主義」のなかでこれを次のように説明する（『20世紀システム（4）開発主義』所収）。

一九五〇年代はじめ、マサチューセッツ工科大学国際研究センターにおいて、かつてCI

A長官補佐を務めたソ連経済研究者M・F・ミリカンと、のち「離陸（テイク・オフ）」の理論で有名となるW・W・ロストウを中心として、「低開発地域とアメリカの経済援助政策」をテーマに研究チームが編成された。ミリカンとロストウはやがて一九六〇年代、ケネディ大統領の対外経済政策、国家安全保障政策担当の補佐官に任命される人物である。この研究チームの成果は一九五七年、『提言』として刊行された。提言は、低開発諸国が国際共産主義運動と対決し、国内の暴力革命を回避するには、経済開発を軸とする内部からの社会変革が不可欠であることを力説、低開発諸国の指導者がみずから開発計画の遂行にイニシアティヴをとることを重視した。提言の特徴は「欧米流の個人の自由や経済的自由主義の推進を主張せず、むしろ、開発に向けてあらゆる階層を糾合する国民的な努力と、経済政策における政府の主導性、上からの開発を強調した点」にあり、「のちに生まれる開発主義の基本的要件は、この提言がほぼ提示していた」のだった。

ではどうしてこういうことになったのか。おそらくごく単純な理由によるものだろう。二十世紀はじめ、オランダは東インドにおける文明化のプロジェクトにおいて国家をエージェント（担い手）とするほかなかった。二十世紀アメリカのアメリカ化を可能にしたような産業資本主義が存在しなかったからである。こうした事情は一九五〇年代、六〇年代の東南アジアにおいても同じだった。国内の革命勢力、共産主義勢力の脅威に対抗するには内部からの社会変革によるしかない。しかし、なにがそのエージェントになるのか。産業資本主義は存在しない。とすれば、政府が上からの開発によって資本主義の育成をはかるほかないだろう。これを支援する、つまり、これに金を付ける、これが開発主義プロジェクトだった。明治の殖産興業以来の歴史に照らして日本人にはしごくわかりやすい、また乗りやすいプロジェクトである。

アメリカの開発主義プロジェクトのもうひとつの要素、それは教育によって自分たちと言語を共有し、自分たちと同じようにものを考える人々を養成する、そしてそういった人々を国家機構のなかに埋め込むアメリカ化のプロジェクトだった。これについてはかつて論じたことがある。したがって、ここでは一例を挙げるだけにする。

たとえば、インドネシアにおいてエコノミストの養成は一九五〇年代はじめ、フォード財団の助成でインドネシア大学経済学部が整備されるところからはじまった。米国の大学から経済学の先生が客員教授として派遣され、それまでのオランダ人の先生、オランダ語の教科書を使ったオランダ語の講義、オランダの大学における経済学教育のカリキュラムに代わって、アメリカ人の先生、英語の教科書を使った英語の講義、米国の大学における経済学教育のカリキュラムが導入された。またその卒業生をフォード財団の奨学金で米国に派遣し、大学院レベルの教育を受けさせた。これがはじまりだった。そしてこれによって一九六〇年代はじめまでにインドネシア大学経済学部はアメリカ人エコノミストと「言語を共有する」インドネシア人エコノミストの拠点となった。

ついでスハルト体制成立以降、これらインドネシア人エコノミストがテクノクラットとして政府に参画していった。開発計画策定を担当する国家開発企画庁の設立、政府系開発銀行、投資委員会の設立、そうした国家経済開発体制の整備にともなって多くのテクノクラットが政府に高官として登用され、かれらはＩＭＦ、世界銀行との協力、ハーヴァード国際開発研究所をはじめとするアメリカの大学機関、レーマン・ブラザーズなどの投資銀行とのコンサルタント契約によってインドネシアのマクロ経済運営を行なった。インドネシアの経済開発政策がこれによってすべて決められたというのではもちろんない。しかし、それにしてもスハルト体制下のインドネシアにおいて、アメリカ人と「言語を共有する」テクノクラットの拠点（経済官庁）が国家に埋め込まれ、これがアメリカニズムの「トロイの馬」となったことは明らかだろう。そして一九七〇年代ともなると、開発の成功、国民生活の向上によって、国民のなかにも「豊かな社会」への夢、そうした夢を担保する経済成長への信仰がしだいに広く受け入れられていくことになる。

こうしてみれば、東アジアの地域秩序がいまどのような意味で岐路にあるのかもう明らかだろう。アジアの地域秩序はアジア経済危機によってシステミックな危機にあるのではない。たしかに今回の危機においてはその対処方をめぐって日本とアメリカの対立が明らかになった。それがアジア通貨基金構想をめぐる確執、宮沢イニシアティヴによる日本のマレーシア支援などとして表面化した。そしてそうした対立の基礎には、少し単純化していえば、日本にとっては東アジアの安定と発展それ自体が利益であるのに対し、東アジアにおけるアメリカの経済的利益はもっと狭く、産業的というより金融的なものである、ということがある。しかし、そうした対立はそれ自体としてはアジアの地域秩序を脅かすものではない。その意味で中心は安定している。問題は地域システムの統合能力である。アジア経済危機の結果、いま多くの国で国内の政治経済体制の再編が問題となっている。これをどうするのか。国内体制の再編によって「豊かな社会」への夢は、ふたたび開発によって裏書きされうるのか。そもそも経済成長は、いま危機のなかで表出したすべての問題を処理できるのか。つまり、ごく簡単にいえば、アジアは近い将来、ふたたび政治的安定と経済的繁栄、社会的平和を達成できるのか、ここに地域システムの統合能力、ひいては地域秩序の長期的安定がかかっている。

第七章　上からの国民国家建設

東南アジアの国々は、第二次大戦後、一九四〇年代後半から一九五〇年代にかけて独立を達成した。インドネシア、北ベトナムのように戦争と革命によって独立した国もあれば、マラヤ（マレーシア）、フィリピンのように反革命によって旧秩序の回復されたあと、宗主国から独立を付与された国もあった。しかし、どこでも国家は独立して国民国家となれば、この国家がたしかに国民の国家であることをなんらかの仕方で示さなければならない。社会主義がそうした国民国家建設のひとつのモデルを提供した。ベトナム、ビルマなどがこのモデルを選択した。一方、タイ、マレーシア、インドネシア、フィリピン、シンガポールは、米国をナンバー1、日本をナンバー2とするアジア地域秩序の下で、上からの国民国家建設を試みた。

これは多くの国でつい先頃までそれなりにうまくいっているように見えた。それはこれらの国々の経済が大いに発展したからだった。たとえば一九八五—九五年の時期、一人当たり所得の平均成長率は、タイ八・四パーセント、シンガポール六・二パーセント、マレーシア五・七パーセント、インドネシア六・〇パーセント、フィリピン一・五パーセントと、フィリピン以外の国々では国民の生活は毎年、実感として良くなっていったと言えるだろう。こういうときには国民国家の建設もうまくいっているように見える。それが必ずしもそうではないということが経済危機のなかで明らかになった。ではこの五〇年、これらの国々では国民国家建設はいかに行なわれ、それによって十九世紀、ラッフルズの時代にこの地に生を受けた近代国家＝リヴァイアサンはどのように変貌したのか。

先に述べたことであるが、ビルマの初代首相ウ・ヌーはその自伝において、一九四八年のビルマ独立に際し、かれが首相として英国から継承した国家を自動車に喩えている。「はからずもわたしが首相となり、自動車の運転席に座ることになった。しかし、わたしには自動車の運転はこれがはじめてのことで、もうそれだけでも大変なのに、この自動車のなんたる有様か、タイヤはパンクしオイルは切れラジエーターは壊れている。しかも道路はおそろしく悪い」。

第二次大戦後、東南アジアの「新興」独立国家はどこでもこういった有様だった。それをどう修理し、どう改良して運転手の思い通りに動く国家の機構をつくるか、そして乗客すべてが、これは自分たちの車である、これは自分たちの運転手である、と信頼するような国家と政府をつくるか。上からの国民国家建設はそのひとつの処方箋だった。これがタイでは一九五七—七三年のサリット政権からタノーム＝プラパート政権の時代、インドネシアでは一九六六—九八年のスハルト体制下、そしてフィリピンでは一九七二年から一九八六年にかけてのマルコス体制下で試みられた。（マレーシアではこれが一九七一年以降、国民戦線体制下で行なわれている。しかし、その首尾を評価するのはまだ時機尚早であり、ここでは論じない。）しかし、その首尾には大きな違いがある。なぜか。

これを大きく二つの問題に注意しながら論じよう。ひとつは「権力集中」の問題である。国家が王族、貴族、大地主などの虜になっていては、国家が国民の国家としてさまざまの「私的」利益を追求する社会集団の上に超然として国民共同の利益を実現することはできない。そのためにはまず「権力の集中」によって「公的」利益を体現する強力で有能な国家を建設しなければならない。もうひとつは「権力拡大」の問題である。政府が上からの国家建設に成功し、経済が発展し、所得水準が上がり、教育が拡大すれば、いずれ国民は政治参加を求めるようになる。これが一般に都市中産階級の擡頭による開発独裁の「溶解」、権威主義的体制から民主主義体制への移行をもたらす。それでは国家はこの移行においてますます社会に埋め込まれて、国民の国家としてその権威をますます揺るぎないものとして確立することができるだろうか。以下ではこの二つの問題に注目しつつ、タイ、インドネシア、フィリピンにおける上からの国民国家建設の歴史的軌跡を辿ることにしよう。

タイ――「権力集中」から「権力拡大」へ

まずはタイである。

タイは一九四〇年代末、ピブーン政権の時代に米国と経済援助協定、軍事協定を締結、米国の潤沢な援助の下で軍、警察の「近代化」に着手した。ついで一九五〇年代末、サリット政権の時代に世界銀行の勧告に従って「開発体制」の整備がはじまった。国家経済開発庁、投資委員会が設立され、これが首相府に新設された予算局とともに、保守的財政政策と民間企業の自由な活動を基本に経済運営を行なった。タイの経済発展はこの「開発体制」の時代にはじまり、これがタイ官僚国家の変貌をもたらした。

タイは、東南アジアの他の国々と違い、植民地支配を受けなかった。このためタイでは近代国家の機構は外から植民地国家として移植されたのではなく、チャクリ王朝歴代の王を大王とする「まんだら」の上からの改革によって創出された。これは十九世紀半ばにはじまった。一八五五年、タイ（正確にはシャム）は英国とのボウリング条約締結によってイギリス自由貿易帝国に編入された。これ以降、新デルタの水田化が進み、米の輸出向け生産が拡大した。米の輸出拡大によって国家収入が増加し、これを財源にタイの「近代化」、チュラロンコン王時代（一八六八―一九一〇）のチャクリ改革がはじまった。改革は中央・地方行政組織、財政、軍事、教育、交通、土地制度など広範な分野にわたり、チャクリ王朝国家はこの改革によって近代国家の体裁を整えた。ただし、誤解のないよう付け加えておけば、このタイの近代化は同時期の明治日本の近代化とは違う。明治日本においては上からの国民国家建設が行なわれた。一方、タイにおいては「朕は国家なり」を原理とする近代国家、絶対王制国家の建設が行なわれた。したがって、タイでは、王族・平民の別は厳然と維持され、国家機構においては王の権力強化に資する範囲においてのみ業績主義が容認され、王の下、王国内の住民は一視同仁、「タイ人」「ラオ人」「マレー人」などの別なく、すべて等しく臣民とされ、また中国からの移民が奨励された。

このチャクリ絶対王制国家にとって代わったのが、官僚の官僚による官僚のための官僚国家だった。一九二〇年代末、世界恐慌のさなか、国際市場における米の価格が暴落し、タイの国家財政が破綻した。政府は緊縮財政をよぎなくされ、官吏の解雇、減俸が行なわれた。能力はあっても平民のため王族の下僚たらざるをえない官僚、軍人のあいだで不満が高まった。そうした官僚、軍人の一党が、一九三二年、人民党と名乗って「革命」をおこして国家権力を掌握し、絶対王制を廃して立憲君主制を導入した。しかし、人民党は国家権力奪取を目的として結成されたごく少数の官僚、軍人の陰謀集団で、広範な社会的支持基盤をもたなかった。また「革命」は実際にはクーデターで、新しい政治的伝統を生み出すような国民的経験ではなかった。「革命」でおこったことは、それまでチャクリ絶対王制国家の「パーツ」としてその機構を構成していた軍人、官僚がみずからの意志をもって国家機構を乗っ取り、まだタイのどこにもいない「人民(国民)」の名において国家の運転をはじめたということだった。

したがって、この官僚国家にははじめからひとつ大きな問題があった。国家を国民国家たらしめる国民がいなかった。タイ官僚国家が「王、宗教、民族」の国体イデオロギーにその存在論的根拠を求めたのはこのためだった。こうして王と王制が国家の正当性シンボルとして生き延びた。そしてその下で国政は国家機構それ自体を権力基盤とする軍人、官僚によって壟断《ろうだん》された。派閥抗争が政治の常態となり、深刻なイデオロギー対立もなければ、学生、労働者、農民などの社会勢力の動員も行なわれなかった。政権は派閥の離合集散によって交代し、クーデターが派閥抗争の政治のルールとなり、体制の安定と政権の不安定がその基本的特徴となった。

こうした官僚国家の社会的基礎が「開発体制」時代の経済発展で崩壊した。経済発展によって民間企業グループとそれを支配するビジネス・エリート、中小の実業家、ホワイト・カラー、医者、大学教師などのプロフェッショナル、学生、その他、新しい都市中産階級が成長した。また教育の拡大によって、われわれはタイ国民である、タイ国家はわれわれ国民の国家である、と考えて国政への参加を要求する人々が現れた。一九七三年の「学生革命」がこうした社会経済的変化の政治的帰結となった。

これ以降、タイの政治はこれまでおよそ次のような軌跡を辿る。まず一九七三年から一九八八年までの「権力共有」、つまり、軍人、官僚、テクノクラットと、開発体制の時代以来、バンコクを中心に成長してきた実業家、財閥の連合政権の時代である。これに一九八八年以降の政党政治の時代が続く。権力共有の時代、タイの地方都市で、土建会社、ホテル、バス会社の経営などによって地方ボスが擡頭し、一九八〇年代半ばにはそうした人たちがそれまでバンコク・エリートの掌握していた政党を乗っ取るようになった。タイの政治が一九八八年以降、政党政治、金権政治の時代に入ることになった大きな理由はここにあった。

したがって、タイ政治には、一九七〇年代以降、趨勢として二つの特徴があった。そのひとつは、政治参加の拡大という意味での「民主化」の進展である。これがどれほど大きな変化をもたらしたかは、一九六〇年代軍部主体の政治と一九九〇年代政党主体の政治を比較すれば明らかである。またこの民主化が、クーデター、憲法制定、政党結成、総選挙、議会政治、政治危機、クーデターというサイクルのくり返しのなかでゆっくりと進展したこともつとに指摘される通りである。

もうひとつは、国内政治構造の「同質性」である。どこでも社会にはさまざまの対立がある。それはタイでは、バンコクと地方の利害対立、軍人、テクノクラット、バンコクの大実業家、バンコクの中産階級、地方ボスの利害対立などとして表れている。しかし、タイではこうした利害対立は深刻なイデオロギー対立、民族対立、宗教対立をもたらすものではない。これが政治構造の同質性を保証し、またそうしたさまざまの利害対立を架橋する包括政党の成立を阻むことにもなった。こうして政党政治の時代には、政権は、政党というより派閥の連合体といった方がよいくらいの多くの政党からなる連立与党に支えられた。（たとえば、一九九七年十一月、チュアン政権成立に際しては、民主党一二三名、国民党三九名、社会行動党二〇名、人民党一五名、連帯党八名、自由民主党四名、パランタム一名、タイ党一名の二一一名が連立与党に参加した。）

このように、タイにおける国民国家建設は紆余曲折はあっても、開発体制の時代の権力集中から権力共有、政党政治の時代の権力拡大へと進展してきた。もちろんすべてがうまくいったというのではない。たとえばタイの経済構造は一九八〇年代から九〇年代にかけて大きく変化した。折からの経済発展のなかで国内投資・貯蓄ギャップが二パーセントから五パーセントに拡大し、これが直接投資、さらには海外から導入されたドル建て資金によって賄われた。この結果、マネー・サプライが拡大し、バブルが発生し、一九九六年、このバブルが崩壊した。不動産、消費者ローン関連の不良債権が急増し、金融機関が破綻した。またタイ・バーツは、メキシコ通貨危機の影響を受けて通貨投機に悩まされ、ＩＭＦ（国際通貨基金）は一九九六年にはすでにタイ通貨当局に対し、対米ドル・レート安定化重視政策の見直しを勧告していた。しかし、タイ政府が破綻した金融機関の営業停止を決定したのは一九九七年六月、バーツの変動相場制移行、ＩＭＦ支援要請を決定したのは七月だった。なぜ対応がこうも遅れたのか。

一九九〇年代、政権は連立与党に支えられ、政府閣僚ポストは連立与党参加の政党の議員数に応じて配分された。かつてサリットの時代に開発計画実施機関として設立された予算局は政党政治家の利益配分センターと化し、政策形成にはたすテクノクラットの役割もかつてよりはるかに小さくなった。この結果、政権の安定を人質にとって自分たちの利権を守り、これを脅かす政策には断乎、拒否権を発動する、そういう集団が政権のあちこちに割拠することになった。これが政府の問題処理能力、危機対応能力を低下させた。

こうしてみれば、タイでいま政党政治体制の改革が模索されていることも十分、納得がいくだろう。しかし、それ以上に重要なことは、危機のなかで、タイでは、インドネシアでおこったような暴動も略奪も宗教対立も民族対立もまったくおこらなかったことである。それはひとつにはタイがインドネシアよりもはるかに社会的、文化的に同質的なためである。しかし、そういった同質性は、さらにいえば、国民社会建設の成功のためであり、それはタイの自然的条件によるというよりも、タイにおける国民国家建設の成功によってもたらされたものである。

インドネシア——「権力集中」から「権力分散」へ

ではインドネシアはどうか。

インドネシアでは一九六六年半ば以降、スハルト「新秩序」体制の下で官僚国家が再建された。これは官僚の官僚による官僚のための国家ということではかつてのタイ官僚国家と同じである。しかし、重要なのは違いである。タイ官僚国家は一九七〇年代以降、国民国家へと変貌した。一方、インドネシアの官僚国家はスハルト独裁に変質して経済危機のさなかに崩壊し、いまでは国家それ自体が深刻な危機にある。なぜか。

いくつか理由があるだろう。そのひとつは歴史的起源の違いである。タイ官僚国家はチャクリ絶対王制国家の「革命」によって誕生した。一方、インドネシア官僚国家は植民地国家、オランダ東インド官僚国家の国民主義的変態として成立した。これが変貌のプロセスに大きな違いをもたらした。一九三二年のタイの「革命」は国民を生み出さなかった。ところがインドネシアではオランダ植民地支配からの独立運動のなかで国民が誕生した。そういった国民が一九一〇—三〇年代の国民主義運動、一九四〇年代の戦争と革命を経て、政党に社会的支持基盤を提供し、一九六〇年代ともなると、共産党、国民党といった政党は数千万の党員、シンパを擁するほどになった。したがって、インドネシアにおける官僚国家再建には政党勢力をまず上から動員解除する必要があった。スハルトはこれをショック療法でやってのけた。一九六五年から六六年にかけて、五〇万を超える共産党員、シンパが殺害され、逮捕・流刑されて、インドネシア人は国家がどれほど怖いものか思い知らされた。

スハルトはその上で「安定」と「開発」を国策の課題に設定し、この課題達成の実績によってみずからを正当化した。これがスハルトの安定と開発の政治だった。その要諦は、図式化していえば、政治の安定→経済の開発→国民生活の向上→さらなる政治の安定、ということにあった。国軍を「屋台骨」に強力な国家機構を編成する。国民は隣組、婦人会、官製労働組合、官製農民組合、官製商工会議所、官製ジャーナリスト協会などに組織され、公務員は「与党」ゴルカル（職能グループ）への参加、大政の翼賛を義務づけられる。政党は骨抜きにされ、労働者、農民、学生などは「非政治化」されて政治過程から排除される。五年に一度、「民主主義の祭典（総選挙）」の「成功」によってゴルカルが勝利し、スハルトがしかるべく大統領に再選される。こうして安定が達成され、その下で「開発」が推進される。アメリカの大学で教育を受けたテクノクラット（エコノミスト）が国家開発企画庁長官、大蔵大臣、中央銀行総裁などとしてマクロ経済運営、対外債務管理を行なう。世界銀行、日本などからの援助、国内・国外からの民間直接投資、政府資金の投入によって経済が拡大する。

工業化が進展し、米の自給が達成され、雇用が創出され、国民生活が向上する。これがさらなる政治の安定をもたらし、体制に対する国民の正当性信仰を培養する。

スハルト体制下、こういった安定と開発の政治がそれなりにうまくいった。そしてこれがスハルト体制の長期安定をもたらした。ではなぜスハルト体制は行き詰まり、インドネシア国家はいま、数年前には想像もできなかったような深刻な危機に陥ることになったのか。

行き詰まりということでは、スハルト体制は行き詰まるべくして行き詰まった。しかし、重要なのは、行き詰まり方だった。タイでは官僚国家から国民国家への移行において国家の機構が破壊されることはなかった。それが権力の集中から拡大への移行をもたらした。一方、インドネシアでは、スハルトは一九八〇年代末頃から、かつて一九七〇、八〇年代はじめにつくった国家機構を壊しはじめた。つまり、「制度作り」ならぬ「制度壊し」の末に行き詰まった。それがどういうことかを見るために二つ例を挙げよう。

ひとつは、スハルトの子供たちのファミリー・ビジネスの跳梁《ちょうりょう》である。インドネシア人のあいだには、インドネシアはひとつの大家族である、われわれは親子、兄弟姉妹のように助け合わなければならない、という「家族主義」の考え方がある。スハルトはこの家族主義の精神に則って財団を設立し、政商に事業をやらせて資金をつくり、まさに「親父」として

「子分（部下）」の面倒をみた。しかし、これは分配のメカニズムとしては本質的に不平等なシステムである。このシステムでは、なんらかのかたちで「親父」にぶら下がることのできる人たちと、ぶら下がりたくともそういう「親父」のいない人たちのあいだで決定的格差が生じるからである。しかし、それでもスハルトは、一九八〇年代半ば頃まではそれなりに手広く「子分」の面倒をみた。ところがスハルトの子供たちがしだいに「成長」して、それぞれに企業グループをもってビジネスをやるようになると、家族主義はファミリー・ビジネス正当化のイデオロギーとなっていった。そしてあたりまえのことながら、大統領とその子供たちがそういうことをやれば、上は大臣、州知事、県知事とその子供たち、下は村長、村役人とその子供たちが同じことをやり、「公僕」とその家族が上でも下でも国家を食い物にするようになった。

もうひとつは、国軍におけるスハルトの娘婿プラボウォの擡頭である。一九七〇、八〇年代、インドネシアの治安は、上はジャカルタの国軍司令部から下は全国各村配属の下士官に至るまで、実に整然とした領域管理機構によって維持された。ところが一九八〇年代末から、東ティモール、イリアン・ジャヤ（ニューギニア西半部）、アチェの独立運動、反政府勢力の政治活動といった多くの問題が、スハルトの直接指示によって、国軍の正規の指揮系統の外で、プラボウォ指揮下の陸軍特殊部隊に任されるようになった。たとえば、プラボウォは、一九九〇年頃、東ティモールで「ニンジャ」を組織した。これは陸軍特殊部隊内に編成された特別工作隊で、これが東ティモールで独立派の地下組織のような顔をしてテロ、略奪、拷問、強姦を行ない、独立派からの人心離反を画策した。一九九一年のディリ事件はこの工作隊の挑発でおこった。それで数百人が殺され、この活動にまったく関与していない地域軍管区司令官、東ティモール駐屯軍司令官がその責任を問われて解任された。こういうことが東ティモールでもアチェでもイリアン・ジャヤでも、また一九九八年の人民民主党活動家拉致事件、さらにはスハルトの大統領辞任に直接繋がったトリサクティ大学学生射殺事件、ジャカルタ暴動事件でもおこった。

したがって、スハルト体制崩壊までに、かつてスハルトによって再建された国家機構の「再解体」作業がすでにかなり進行していた。この結果、インドネシア共和国国家は実に無惨な有様となった。国家は壮大なたかりの機構として国民を食い物にし、またスハルトとかれを範とするミニ・スハルトによって食い物にされた。国軍は国民の軍隊というより国民を敵とする軍隊となり、東ティモール、アチェ、イリアン・ジャヤで、実に多くの人を殺した。ではこういう国家がそれでもなお国民の国家として正当性をもちうるだろうか。そんなことはないだろう。それには、たとえば、わたしがアチェ人でわたしの子供がある日、なんの理由もなしに軍に殺された、あるいはわたしがジャワ人で、わたしの土地がある日、わけもわからないまま県知事の子供の会社に取り上げられた、と想像すればよい。そのときわたしはなおインドネシア共和国をわたしの国家と思うだろうか。思うわけがない。国家がごくあたりまえの正義を保証しない。だから国民は国家を信用しない。こういう事態が一九九〇年代、インドネシアで静かに進行し、スハルトの大統領辞任とともにだれの目にも見えるかたちで表面化した。

こうしてみれば、いまインドネシアでおこっていることがどういうことか明らかだろう。スハルト大統領辞任からハビビ暫定政権を経て現在のアブドゥルラフマン・ワヒッド政権への移行は、一九七〇―九〇年代、タイでおこったような「権力の集中」から「権力の拡大」への移行ではない。それはオランダ東インド国家が一九四〇年代、戦争と革命のなかで解体したような「権力の集中」から「権力の分散」への揺り戻しである。しかし、インドネシアの多くの人たちはなお、危機の原因はスハルト長期独裁、つまり「権力の集中」にあった、したがって、危機克服の鍵は「権力の分散」にある、と考えている。だから「民主化」と「地方自治の拡大」が進められた。しかし、国家が壮大なたかりの機構となっているところでは、民主主義はたちまち利権と利益誘導の政治となってしまうだろう。また国家があたりまえの正義を保証しなければ、人々は正義を自分たちの手で確保しようとするか、いまここにある国家に代わる新しい「われわれの」国家に正義の回復を求めようとするだろう。いまインドネシアで危機にあるのはまさに国民国家それ自体である。

フィリピン――権力分散のシステム

ではフィリピンはどうか。

フィリピンにおける上からの国家建設は一九七二年、マルコスの「中心からの革命」とともにはじまった。しかし、この「革命」はマルコス王朝の腐敗した権威主義体制をもたらし、マルコスの「新社会」は一九八六年二月の革命で崩壊した。そして現在では、ラモス政権、エストラーダ政権の下で、各議員が毎年度の政府予算でそれぞれ一億円を超える公共事業費の割り当てを受けるように、権力の分散は東南アジアの他の国々では想像もできないほどみごとに制度化されている。なぜか。

いくつか大きな理由があるだろう。

しかし、重要なのは歴史的理由である。植民地時代、フィリピン国家はオランダ東インド国家、英領マラヤ国家のような官僚国家にはならなかった。十九世紀のスペインはそういった中央集権的な国家機構をフィリピンで編成するにはあまりに弱体だった。また十九世紀末、スペインに代わってフィリピンの宗主国となった米国は、本国においてすら官僚機構による統治の伝統をもたず、それに代えて議会による自治の伝統をフィリピンに持ち込んだ。これがフィリピン・エリートの性格とうまくマッチした。十九世紀、フィリピンの経済はイギリス自由貿易帝国に組み込まれた。この結果、十九世紀半ば頃から中国人が地方商業に進出するようになり、これに対応して中国系メスティーソは地方商業から高利貸し、地主、輸出向け商品作物生産へと転身していった。フィリピン・エリートはこうした人々のなかから誕生した。かれらは大土地所有をその経済的基盤とし、欧米で高等教育を受けた文化的に同質な人々で、こういったそれぞれの土地に根ざしたボスが議員としてマニラに出て行って議会を支配した。

この構造が独立フィリピンの大統領型民主主義の制度的枠組みの下でそのまま継承された。どこでも民主主義体制のエンジンは選挙にあり、選挙を決するのは票である。したがって、あたりまえのことながら、地方ボスは票田の維持・培養のために広範な親分子分関係のネットワークをつくり上げ、軍も警察も行政機構も、議会による予算、人事のコントロールを通してそうした相互に競合する親分子分関係のネットワークに浸潤された。こうしてフィリピンでは権力は地方に分散し、地方の利害を代表する議員が議会に依って中央の財政を食い物にするシステムが成立した。

マルコスは一九七二年、戒厳令を布告し、「中央からの革命」によってこのシステムの改革を試みた。マルコスはこれを次のようなやり方でやろうとした。第一に、議会解散、反マルコス派政党政治家の逮捕、政党活動の制限、私兵の武装解除、マス・メディアの統制、中央政府の権限強化、土地改革などによって、地方ボスの政治経済的権力基盤の解体を試みた。第二に、国軍を戒厳令実施機関とし、軍人に行政、国営企業経営を担当させた。国軍は一九七二年の五・五万人から一九七七年の一六・四万人、一九八四年の二五万人へと拡充され、国防予算も一九七一年から八〇年までに二八〇パーセント増加した。第三に、経済官庁にテクノクラットを登用し、その指揮下、外資導入による経済開発政策を実施した。そして最後に第四に、一九七〇年代後半に至って国民議会を「立憲的権威主義体制」の代議制度として再開し、自由でも公正でもない選挙によって選ばれたマルコス派政治家、テクノクラットの指導する「新社会運動」が議会の圧倒的多数を占めることとなった。

したがって、一見したところ、マルコスの「中心からの革命」にはスハルトの「新秩序」

体制建設と共通するところが少なくなかった。しかし、重要なのはその違いだった。スハルト「新秩序」体制はまず軍事政権として出発し、それが一九八〇年代末頃からスハルト独裁へと変質していった。これに対し、マルコス体制ははじめからマルコス独裁だった。したがって、スハルト体制下において国軍将校が定期の人事異動によって昇進し、国軍がまさに機構として国家の屋台骨をなしてスハルト体制を支えたのに対し、フィリピンではそういうメカニズムははじめから一度もできなかった。組織（機構）よりもボスに対する人格的忠誠が常に優先されたためである。またインドネシアにおいてスハルトが少なくとも一九八〇年代半ばまで「国家第一の公僕」のような顔をしていたのに対し、マルコスははじめから終わりまで「ボス」であり、国軍・行政機構の重要ポストはマルコスの親族、友人によって独占された。それはマルコス夫人イメルダ・ロムアルデス・マルコスがマニラ都知事、居住環境大臣、いとこのファビアン・ヴェール、フィデル・ラモスが国軍参謀総長、警察軍司令官、親友のファン・ポンセ・エンリレ、ロベルト・ベネディクトが国防相、砂糖公団総裁を務めるといった例に見る通りである。さらにまた国軍では「制服を着たシヴィリアン」、とくにフィリピン大学卒で予備役将校の訓練を受けて将校に任官した人々がファビアン・ヴェールとのコネで登用された。

その一方、地方ボスはマルコス体制下、かたちを変えて生き延びた。それを見るには、スハルトの大政翼賛会ゴルカルとマルコスの「新社会運動」を比較すればよい。ゴルカルは国軍、内務省のヒエラルキーに支えられた官製集票機構であり、地方のゴルカル政治家はほとんどが軍人、官僚あがりで、かれらは地方ボスとして独自の社会的支持基盤などほとんどもっていなかった。これに対し、マルコスの新社会運動はそれぞれの土地に根ざした地方ボスの連合体で、かれらはマルコス派政治家として中央政府から降りて来る資金、プロジェクトによって、それぞれに新社会運動の枠内で独自の親分子分関係のネットワークを維持・培養し、また新人民軍のゲリラに対抗して民間郷土防衛隊の名の下に私兵を飼っていた。

したがって、スハルト「新秩序」体制とマルコス「新社会」体制では、その性格に実は大きな違いがあった。インドネシアではともかく一度は「権力の集中」に成功して官僚国家が再建された。このためインドネシアでは多くの人々が機構としての国家とはいかなるものかをそれなりに理解し、いまでも「装置」ということばで国家機構を語る。これに対し、マルコス時代のフィリピンでおこったことは、かつて地方ボスがそれぞれに維持・培養した多くの互いに競合対立する親分子分関係のネットワークに代わって、マルコスを頂点とする親分子分関係の全国一大ネットワークが形式的な国家機構の強化、中央集権化の下でつくられたということだった。つまり、別の言い方をすれば、マルコス体制下の上からの国家建設は、国民国家建設というよりは、まさに「マルコス王朝」の建設だった。

しかし、国民国家の時代に王朝を建設して成功するはずがない。それが一九八三年、ベニグノ・アキノ暗殺によって暴露された。アキノは暗殺によってフィリピン・ナショナリズムの英雄ホセ・リサールとともに殉国の志士となり、マルコスはリサールを殺したスペイン植民地支配体制とともにフィリピン国民の敵対者となった。これによってマルコス体制の国民的正当性は一挙に失われた。また第二次石油ショック以来の石油価格の高騰と一次産品価格低迷のなか、すでに悪化していたフィリピンの対外債務は資本逃避で一挙に深刻化してマニラの都市中産階級を危機に陥れ、その一方で共産党、新人民軍が急速にその勢力を拡大した。マルコス体制からポスト・マルコス体制への円滑な移行は反マルコス勢力、マニラの都市中産階級ばかりでなく、マカティのビジネス・エリート、カトリック教会、地方ボス、さらにはポスト・マルコスを狙うマルコス派政治家、軍人、米国にとっても共通の利益となった。一九八六年二月の革命はこれら政治家、教会、ビジネス・エリートのエスタブリッシュメントがまさにエスタブリッシュメントとして国民殉難の象徴、コラソン・アキノの下でみそぎによって再生した革命だった。

こうしてフィリピンでは「権力集中」の試みは一度も成功することなく破綻し、ポスト・マルコスの時代には「権力の分散」が一九五〇、六〇年代以上に制度化された。フィリピンの一人当たり年平均経済成長率は一九八五―九五年の時期には一・五パーセント、生活はほとんど良くなっていない。また社会危機も続いている。しかし、フィリピンではインドネシアのような国家危機はおこっていない。それはひとつには、一九八六年の革命によってフィリピン共和国がたしかに国民の国家であることが国民的経験として確証されたためであり、またもうひとつには、フィリピンにおいて機構としての国家がこれまで一度も建設されなかったために、人々が機構としての国家を知らず、したがって、そんなものには最初からなんの期待もしない、そしてその代わりにボスとしての政治家にさまざまの期待をするためである。

こうしてみれば、東南アジアにおいて、国民国家建設の実績には国によってずいぶん違いのあることが明らかだろう。そうした違いは、ひとつには十九世紀半ば以来の長期の国家形成の歴史による。タイとフィリピンはこれでかなり説明できる。しかし、インドネシア共和国国家の現在の危機はそうした長期の歴史的帰結ではなく、一九八〇年代末以降のスハルト体制の変質によって引き起こされたものである。インドネシアには官僚国家による機構の統治の伝統がある。だからインドネシア人は地方ボスではなく国家の機構に期待する。ところがスハルト体制はこの一〇年、その期待をみごとに裏切り、それどころか、かつて一九七〇、八〇年代につくり上げた制度を壊してしまった。ではインドネシアにおいてこれから国民国家の再建ができるだろうか。東南アジアの将来はその帰趨によってずいぶん違う。

第八章　アジアをどう考えるか

わたしはこれまで七章にわたって、アジアをどう考えるか、という問題を論じてきた。そこでわたしが述べようとしたことは、アジアの地域秩序がラッフルズの自由貿易帝国プロジェクト、二十世紀初頭の文明化のプロジェクト、アメリカの「自由アジア」プロジェクトといった自由主義プロジェクトによって歴史的につくられてきたということ、そこにおいて近代国家（リヴァイアサン）の編成・再編成が鍵となったこと、そして資本主義がアジア地域秩序の形成、あるいは「東アジア」地域化のエンジンとなったのはごく最近、日本を先頭とする東アジアの雁行型経済発展が語られるようになってからのことである、ということだった。さてそれではアジアの地域秩序はこれからどうなりそうか。また日本はそこでどのような位置を占めるべきか。

この問題は通常、五〇年の時間の幅で考えられる。第二次世界大戦後、アジアの地域システムはアメリカの主導下、新しい帝国秩序として編成された。日本はこの秩序においてナンバー2の位置を占めた。ではこの秩序はいまどのように変容しつつあり、日本はこれにどう関与していくべきか。これが標準的な問いだろう。

しかし、五〇年という時間は、アジアの地域秩序を考える上で唯一の時間の幅というわけではない。いま現にあるアジア地域秩序を支える地殻の構造は、ラッフルズの時代以来、すでに二〇〇年の歴史をもっている。そしてこの二〇〇年、世界経済に占めるアジアの位置にも大きな変動があった。原洋之介氏によれば、一八二〇年、中国、インド、東南アジア、朝鮮、そして日本で構成されるアジアは世界の総所得の五八パーセントを占めた。しかし、十九世紀のヨーロッパの産業革命、二十世紀の米国の工業化によって、一九四〇年には西ヨーロッパと英国の四旧植民地（米国、カナダ、オーストラリア、ニュージーランド）が世界所得の五六パーセントを占め、アジアの割合は一九パーセントまで下落した。この趨勢が一九五〇年を境に逆転する。アジアで高度経済成長がはじまり、アジアの総所得は一九九二年には世界の三七パーセントを占めるまでに回復した。そしてかりにこの成長がこれからも持続すれば、二〇二五年には世界所得に占めるアジアの割合は五七パーセントと、ふたたび二〇〇年前の水準に回帰するという（「『奇跡』から『危機』へ、そしてその後」、原洋之介編『アジア経済論』NTT出版）。

さてそれでは、こうした長期の歴史の文脈に、この五〇年、アメリカをナンバー1、日本をナンバー2として生成、発展、成熟してきたアジアの地域秩序を置き戻してみれば、アジアの将来はどのように考えられるだろうか。また日本はそうしたアジアにおいてどこをめざして行けばよいのか。

「日本とアジア」vs.「アジアの中の日本」

まずはこの五〇年のアジア地域秩序についてごく簡単に整理しておこう。

この秩序は第二次世界大戦後、アメリカのヘゲモニーの下でつくられた。アメリカには二つ大きな戦略目標があった。共産主義の脅威にどう対処し、中国（そしてもちろんソ連）をどう封じ込めるか、日本を経済的に復興させアメリカの同盟国として独立させる、しかし、日本が二度とアメリカの脅威とならないようにする、それにはどうするか、ということだった。安全保障においてはアメリカを車軸、日米安全保障条約をはじめとする二国間の安全保障条約をスポークとする安全保障体制の構築が、また経済においては、日本・東南アジア・米国の三角貿易体制の構築がその答えとなった。

日本はこの秩序において「アジアの工場」＝「アジアの兵站基地」の位置を占めた。日本にとってアメリカのヘゲモニーは与件だった。これが日本の安全保障体制、経済協力体制にビルト・インされた。日本の軍事力はアメリカの軍事力に組み込まれ、日本とアジアの関係においては「経済協力」がその基本となった。

東アジアの経済発展はこの下でおこった。日本を先頭とする東アジアの雁行型経済発展によって地域化が進展し「東アジア」はひとつの地域となった。東アジア地域化のエンジンとなったのは（ASEAN、APECといった）地域主義ではなく地域的な経済発展だった。アジア経済危機が東アジア地域化のさらなる発展に脅威となったのはこのためだった。

さてそれではこうしたアジアの地域秩序、そこにおける日本の位置にはどのような構造的特徴があるだろうか。それを見るには戦後ヨーロッパ（西ヨーロッパ）の地域秩序と比較すればよい。第二次大戦後、米国はヨーロッパにおいても二つの戦略的課題に直面した。そのひとつは、ヨーロッパにおける共産主義の脅威にどう対処するか、ソ連をどうやって封じ込めるか、という問題であり、もうひとつは、ドイツ（西ドイツ）をいかに経済的に復興させ米国の同盟国とするか、そして二度と米国の脅威とならないようにするか、という問題だった。米国はこの二つの問題に、安全保障については集団安全保障機構としてのNATO（北大西洋条約機構）、その枠内でのドイツ再軍備、また経済においては独仏同盟を中核とし、やがてEEC（ヨーロッパ経済共同体）、EC（ヨーロッパ共同体）、EU（ヨーロッパ連合）と発展していく集団経済協力体制の答えを出した。

このアメリカの戦略的決定が、この五〇年、アジアとヨーロッパの地域秩序、そこにおける日本とドイツの位置について決定的違いを生み出した。ヨーロッパにおいては地域主義が地域秩序の基本となり、ドイツは「ヨーロッパの中のドイツ」としてここに埋め込まれた。ドイツ人が自分たちをヨーロッパ人と考え、ドイツ・マルクを放棄してもヨーロッパ主義にドイツの未来を託するのはそのためである。一方、アジアにおいては、地域化が地域秩序の基本となり、日本は、こちらに日本があり、あちらに韓国、あるいは東南アジアがある、そういうかたちでアジアと結びついた。したがって、われわれは、ドイツ人が自分たちはヨーロッパ人であると考える、それと同じような意味で、自分たちはアジア人である、とは考えないし、たとえいかなるアジア主義者であっても、日本の軍事力に対する指揮権を放棄し、円を放棄してまで、日本の未来を地域主義としてのアジア主義に託そうとは考えない。日本にとって望ましいのは、現にいまある地域秩序の安定とその下で日本の行動の自由を拡大するような地域化の進展であって、日本の行動の自由を縛るような地域主義ではない。

「海のアジア」vs.「陸のアジア」

さてそれではこの五〇年のアジア地域秩序をより長期の歴史の文脈に置き戻してみれば、なにが見えてくるだろうか。もっとも重要なこと、そしてそれがそもそも本書のタイトルを「海の帝国」とした理由なのであるが、それはこの「新しい帝国秩序」が「海のアジア」の領域に、かつてのイギリス主導下の東南アジアの植民地世界と大日本帝国の解体・再編・統合によってつくられたことである。では「海のアジア」とはなにか。それは一体どのように考えればよいのか。濱下武志氏はフェルナン・ブローデルの『地中海』を念頭に置いて、「海のアジア」をこう定義する。

「アジアを考えるとき、『陸』のみに権力を集中させる視点は、必ずしもこの地域の理解に十分でない。むしろ歴史的にみて、北東アジアから東アジア、さらに東南アジアからオセアニアにかけて、いくつかの海域圏が存在し、海域をめぐって、その周縁に位置した国や地域および交易都市が相互に影響を与えあってきた歴史が存在していることが、この広域地域の大きな特徴である。この海域の大きさは、インド洋や太平洋のような『洋』ocean ではなく、黄海や日本海のような『海』sea で示される範囲が考えられる。北東アジアからオーストラリア東南部にかけて連続する海域を見ると、オホーツク海に始まり、日本海・黄海・東シナ海・南シナ海・スールー海・ジャワ海・バンダ海へと続いている。ついでオーストラリア近海に入り、アラフラ海・コラル海へと連続し、タスマン海へと至っている。（中略）これらの海域は、大陸部・半島部・島嶼部の三部分によって周囲を囲まれ、また他の海域と区別されている。そして、それぞれの海域の周縁部に位置する地域の相互関係は、たがいに影響を与えあうには十分に近接した位置にあると同時に、決して同一化することはない距離を保ち、相互の独自性を維持してきたといえる。そして、海域が交易圏を形づくり、交易圏の周縁に交易港・交易都市が生ずる。交易圏相互が交錯する地点に、中継都市が形成され、この都市は、市場を整備し商人グループの居住区となり通貨を発行するなど交易の条件を整える」（濱下武志「序　地域研究とアジア」、『アジアから考える（2）地域システム』東京大学出版会、所収）

ここに見るように、「海のアジア」は外に開かれたアジア、交易のネットワークで結ばれた資本主義的なアジアであり、それが「陸のアジア」、内に向いたアジア、郷紳《きょうしん》と農民のアジア、農本主義のアジアに対置される。ただし、「海のアジア」は中国以外のアジア、「陸のアジア」は中国ということではない。十八世紀、上ビルマに栄えたコンバウン王国、あるいはジャワのマタラム王国は同時代の清帝国と同じくらい、内向きで農民支配を基礎とする国家であり、一方、清末、民国時代の浙江《せっこう》、福建、広東の地域は同時代のバンコク、セブと同じくらい、外向的で商業に基礎をおいた世界だった。つまり、「海のアジア」と「陸のアジア」の断層は、ある地理的範囲内で、気圧の谷間のように歴史的に動いてきた。それはかつて東南アジアの歴史のリズムにしたがって「海のまんだら」と「陸のまんだら」の勢力が消長を繰り返したこと、あるいはまた十九世紀末、二十世紀はじめ、イギリス主導下の集合的帝国主義の時代に、浙江、福建、広東から鉄道、河川に沿って中国内陸部へと侵入した資本主義的勢力が、第二次大戦後、中華人民共和国の成立とともに大陸から押し出されたことに見る通りである。

「海の帝国」

アジアにおいて近代的な地域秩序は、この「海のアジア」の領域につくられた。イギリスがその海軍力によってまず「植民地化」したのはアジアの海だった。これがラッフルズの時代におこったことだった。イギリスはこの時代、ペナン、シンガポールから香港、上海を結ぶ線を軸として非公式帝国を構築した。非公式帝国、あるいはインフォーマルな帝国とは、公式帝国、フォーマルな帝国の対概念であり、公式帝国が植民地、自治領、租借地、条約港などを意味するのに対し、その周辺に拡がる影響圏を意味する。イギリスはシンガポール、香港、上海などを拠点とし、そこから力を投射することで、影響圏を構築した。アジアはこうしてはじめて近代国際システムに編入され、このときラッフルズの「新しい帝国」に見るように、ひとつのプロジェクトとして、アジアにおける新しい地域秩序の編成がはじまった。しかし、その首尾は東南アジアと東アジアではまったく違うものとなった。

ではなにがおこったのか。

東南アジアについてはすでに述べた。イギリス自由貿易帝国はシンガポールを中心につくられた。イギリスの力はシンガポールからその周辺に投射され、そこにシンガポールを拠点とする華僑のネットワークが珊瑚礁のように拡がった。この帝国の繁栄の鍵は中国からの中国人移民の流入にあった。イギリス海峡植民地国家は「信用できる」中国人との同盟によって華僑のネットワークを飼い馴らした。イギリスのヘゲモニーを担保したのはよちよち歩きのリヴァイアサン(近代国家)、イギリス海峡植民地国家であり、これを中核とするイギリス自由貿易帝国の形成に対応してその周辺地域、バタヴィア、マニラ、バンコクなどの地においてもオランダ東インド会社国家、スペイン領フィリピン国家、チャクリ王朝国家の近代国家＝リヴァイアサンへの変貌がはじまった。

このリヴァイアサンの成長が、十九世紀末までに東南アジアの植民地化をもたらした。東南アジアの全域は英領マラヤ、蘭領東インド、米領フィリピン、シャム(タイ)などに分割され、国境線によって截然と仕切られた領域内においては、近代国家の力が中央から「地方」へと浸透した。住民はどこでも武装解除されて「植民地の平和」が実現され、国家事業として港湾の整備、電信・電話の創設、鉄道の敷設、道路の建設などが本格化した。植民地資本主義はこのリヴァイアサンの整備した土台の上に発展した。マラヤのスズ鉱山とゴム・プランテーション、スマトラ東海岸のタバコ・プランテーション、東ジャワのサトウキビ・プランテーション、ネグロスのサトウキビ・プランテーションなどである。東南アジア各地に第一次産品輸出経済が形成され、これがさらに拡がって各地に成長したリヴァイアサンを財政的に支えることになった。

こうして東南アジアに植民地世界が成立した。東アジアはそうはならなかった。中国は

「半封建、半植民地」の混沌に落ち込み、一方、日本は帝国建設に踏み出した。

なぜか。さまざまの理由があるだろう。しかし、そのひとつの理由は歴史的なものである。近世において東アジアは東南アジアとは違う歴史的軌跡を辿った。東南アジアではポルトガル、オランダの勢力がこの地域の自生的な秩序と歴史のリズムを破壊した。これに対し、東アジアでは、日本が一六三五年に鎖国に転じ、また中国では十七世紀後半、鄭成功が台湾からオランダの勢力を放逐し、そのあと清が海禁政策を導入した。東アジアはこうして近世国家のヘゲモニーの下、外界から閉じた。その結果、東アジアでは、この地域に自生的な秩序と歴史のリズムが維持された。東アジアの近代国際システムへの編入がそれまで近世国家のヘゲモニーの下、外界から閉じてきた国々を実力でこじ開けることからはじまったのはこのためだった。それがアヘン戦争と黒船襲来の意味だった。問題はそのあとである。

中国ではすでにこの頃までに王朝衰頽の色が見えはじめていた。中国においては、王朝の末期に「王朝を危殆に瀕せしめるような大乱が起こる。大乱は皇帝に忠誠をつくす将領の手によって鎮圧されて、王朝は復興し、これからなお数十年の命脈を保つが、皇帝の権威は地におちて、実権は大乱平定に功をあげた将領の手に移り、かれらが群雄割拠の状態をなして覇を争う。そして勝ちのこったものがついにはその王朝をたおして、新しい王朝をつくる」

（市古宙三『世界の歴史20　中国の近代』河出書房新社）。

こういう王朝衰亡のリズム、あるいはもっと一般的な言い方をすれば、「権力の集中」から「権力の分散」への揺り戻しは、康熙帝、乾隆帝の盛期をとうに過ぎた十九世紀半ばにはすでにはじまっていた。中国はそういうときにアヘン戦争、アロー戦争によって近代国際システムに引っ張り込まれた。このときその制度的メカニズムを提供したのが、領事裁判権、租界、沿岸貿易権、内河航行権、軍艦常駐権、関税互定権などを基礎とする英国主導の条約港体制だった。列強は中国沿海の要衝に軍事的・経済的基地を獲得し、その周辺地域を勢力範囲下に置こうとして、しだいに内陸へと進出した。これがすでに危機にあった近世国家の社会的基礎をさらに危機に陥れ、清朝衰亡に拍車をかけた。しかし、中国はあまりに広大でその平定のコストはあまりに高く、香港に誕生したリヴァイアサンは、イギリス海峡植民地国家が成長しやがてマラヤを植民地化したようには、みずからの勢力圏を直接支配しようとしなかった。また上海の租界はその名称「共同租界」の示す通り、リヴァイアサンとしてもきわめて発育不全なものにとどまった。こうして中国では東南アジアにおけるような帝国主義的分割はおこらなかった。英国主導の条約港体制下、中国の沿岸地帯は「海のアジア」に編入されて集合的帝国主義の「半植民地」となり、一方、王朝は衰頽の末に辛亥《しんがい》革命で崩壊し、権力の分散（「半封建」）は一九一〇、二〇年代、「民主共和」の軍閥の時代にその極みに達することとなった。

日本はこれとは違う歴史的軌跡を辿った。日本は「開国」によってイギリス主導の東アジアの近代国際システムに編入された。しかし、まもなく明治維新がおこり、徳川幕藩体制が崩壊して、上からの国民国家建設と産業化がはじまった。日本はこうして中国を中華とする朝貢貿易体制から離脱し、順調に英国主導の近代国際システムに参入した。すべてが順調だったというのではない。日本にとってこの移行は文明的移行だった。それが福沢諭吉の「脱亜入欧」における「亜」と「欧」の趣旨だった。そしてこれが日本人の集合的アイデンティティに大きな傷を残すことになった。それはいまでも折にふれ「脱亜入欧」に「脱欧入亜」が対置されることに見る通りである。

しかし、それにしても、日本は中国と比較すれば、はるかに順調に近代国際システムに参入し、十九世紀末、二十世紀はじめには帝国建設を開始した。この経緯は周知のことである。日本は、日清戦争に勝利して台湾を獲得、また列強の一員として英国主導の条約港制度に参加した。ついで一九〇五年、日露戦争の思わざる大勝によってロシアが満州にもっていた権益を継承、一九一〇年には朝鮮を植民地化して、大陸進出が帝国建設の基調となった。別に南方（「海のアジア」への進出）に関心がなかったというのではない。しかし、東南アジアはすでにこのときまでにすべて他国の植民地となっており、遅れてやって来た日本に参入の余地はなかった。抵抗のもっとも少ないところに進出する、それがどこでも帝国建設の基本であり、それが日本の大陸進出、つまり「陸のアジア」への進出をもたらした。

こうして日本はロシアから継承した権益を拡張し満州に日本の非公式帝国をつくろうとした。これが折から擡頭しつつあった中国ナショナリズムと衝突した。中国では一九二〇年代、中国国民党と革命軍を中核とする党国家の建設がはじまり、一九二八年には蔣介石の指導下、少なくともかたちの上では中国の統一が回復された。これが満州における日本の帝国建設を脅かした。北伐の結果、張学良が蔣介石に忠誠を誓い、満州を国民政府の支配下に入れてしまったからである。

この帝国の危機に直面して日本は満州を中国本土から切り離し、帝国の一部に編入しようとした。そこにはそれなりの戦略的ヴィジョンがあった。第一次世界大戦の経験から来るべき第二次世界大戦は、国民すべてを巻き込んだ第一次大戦以上の総力戦となると予想された。これにいかに備えるかは帝国の存亡にかかわる大問題だった。日本はその鍵を、日本の力による満蒙開発の断行に求めた。それが満州国設立のひとつの意味だった。もうひとつの意味は満州国の建国理念、五族協和にあった。中国は文明であって国家ではない、「支那人」に近代国家をつくれるわけがない、日本は満州国の建設によって王道を行ない、日本を中心とする東亜新秩序を建設する。満州国はその意味で中国ナショナリズムに対する日本の回答だった。

しかし、大陸における帝国建設は期待したようには進展しなかった。日本は中国ナショナリズムの標的となり、一九三五年以降、支那駐屯軍の行動によって日中関係がしだいに緊迫、ついには盧溝橋事件（一九三七）を契機に中国との戦争に突入、泥沼に踏み込んだような状態となった。約七〇万と称される日本陸軍は広大な中国の各地に分散駐屯して都市と鉄道を維持するのみで、中国を軍事的に平定することはとてもできなかった。ちょうどこのとき「好機」が到来した。一九三九年、ヨーロッパで大戦が勃発し、一九四〇年に入るとドイツの攻勢の活発化によってフランスは降伏、オランダはドイツの占領下に置かれ、イギリス軍も英本土に撤退して、ドイツの勝利は近いかに見えた。日本はこの「好機」に、実に機会主義的な行動をとった。フランスの降伏、ドイツのオランダ占領によってインドシナ、東インドにおける宗主国が失われた。この地域は米、石油、ゴム、スズ、その他、日本の必要とする戦略物資の豊富な地域である。この地域を東亜新秩序に編入する。東亜新秩序の領域はこのとき大東亜に拡大され、それまでの大陸進出に新たに南進が付け加わった。しかし、大陸ですでに泥沼にあるときに、南方から太平洋で第二戦線を開くことは戦略的には「分裂症」以外のなにものでもない。大東亜共栄圏に付された「大」の一字はその意味で、みごとに大日本帝国の戦略的ヴィジョンの破綻を示していた。

このように東アジアでは自由主義プロジェクトはまるでうまくいかなかった。そしてこの混沌が一九四〇年代、東アジアから東南アジアに逆流した。日本は日中戦争のなかで中国における集合的帝国主義体制を破壊し、大東亜戦争において東南アジアの植民地秩序を解体した。日本の創造的破壊によって東南アジアの植民地世界は終焉した。一方、中国では中国共産党が戦争中、その勢力を拡大し、日中戦争当初、党員総数四万、兵力五万であったものが、一九四五年には党員総数一二一万、紅軍九一万、民兵二二〇万、自衛軍一〇〇〇万に膨れ上がり、戦争は国民党ではなく共産党の勝利に終わった。毛沢東は、農民みずからの力によって農民の生活を豊かにし、農民の力によって外国勢力に侵されない富強の中国をつくりうる、と信じていた。こうして中国は中華人民共和国の成立とともに内向きの農本主義に復帰し、ここには「海のアジア」とは別の反資本主義的な秩序がつくられることになった。

一九四〇年代後半、五〇年代はじめ、アメリカはこういう地殻変動のあとにアジアに新しい帝国秩序を構築した。そこでの基本は「陸のアジア」の農本主義的秩序原理を中国に封じ込め、「海のアジア」の領域で日本と東南アジアと韓国と台湾をアメリカに結びつけることにあった。日本はこのときはじめて自由主義プロジェクトの対象となり、アメリカはこの欧米と「価値を共有する」日本を拠点としてアジアの地域秩序を構築した。

これからどこに行くのか

こうしていまわれわれは、アメリカをナンバー1、日本をナンバー2とするアジア地域秩序の下にある。しかし、いまでは、アジアはもうかつての冷戦の時代のようには「海のアジア」と「陸のアジア」に分断されていない。中国はなお完全にアジア地域秩序に編入されたとはいえないにしても、かつてとは比較にならないほど大きく開かれている。ではアジアはこれからどうなりそうか。

少なくとも三点、考える必要があるだろう。

第一は、東アジアにおけるアメリカのヘゲモニーの問題である。アジアがアメリカのヘゲモニーの下にあるかぎり、アメリカをナンバー1、日本をナンバー2とするアジアの地域的な政治経済秩序が崩壊することはありえない。ではアメリカはこれからも長期にわたってアジアにおいてヘゲモニーを維持する意志と能力をもっているだろうか。

アメリカのアジア政策にあっては、アジアにおいて(アメリカに代わる)いかなるヘゲモンの存在も許さない、ということがその基本となっている。またアメリカのヘゲモニーはその軍事力、経済力、知的能力、社会システムの活力など、きわめて多岐にわたる力によって担保されている。アメリカがアジアにおけるヘゲモニーを放棄する、あるいはヘゲモニー維持の能力を喪失する、といった事態はまだ当分、考えなくてよいだろう。

ではかつて一九四〇年代の日本のようにアメリカのヘゲモニーに挑戦する国が登場すればどうなるか。あらかじめ確認しておけば、日本にはアメリカにとって代わる能力はない。またそういう試みも賢明ではない。問題は中国である。ときに指摘されるように、二十一世紀のある晴れた日、中国がアメリカに代わって東アジアのヘゲモニーを掌握するといったことはあるだろうか。それを考えるには、中国が東アジアにおいてヘゲモニーを掌握するとはどういうことか、少し具体的に考えればよい。東アジアにおいて中国がヘゲモニーを掌握するということは、中国を中心に東アジアの地域秩序が再編される、ということである。ではそれはどういうことか。まず安全保障から考えれば、それは、東アジアの地域からすべての米軍基地が撤去され、日本海から南シナ海、インド洋に至る海域に米国第七艦隊に代わって中国艦隊が遊弋《ゆうよく》するようになるということだろう。また経済的には、中国が技術革新のリーダーとなり、中国市場が世界最大の市場となり、そして中国が東アジアにおけるエネルギー供給を支配するということである。そういうことがおこりうるか。まったくないとは言わない。しかし、これも当分は考えなくともよいだろう。

第二は、アジア地域秩序の統合能力の問題である。これについてはすでに述べた。この二年、アジア経済危機のなかで、「開発独裁」あるいは権威主義的開発体制の時代が終わり、民主主義が歴史の流れとなった。これはアジア地域秩序のシステミックな危機を示すものではない。たとえ処方箋に対立はあっても地域秩序の安定ということでは日米に完全な合意がある。その意味で中心は安定している。問題は周辺である。アジア地域秩序の基本にはこの秩序に参加することによって「豊かな社会」が実現される、そしてこれがさらに政治的安定と社会的平和をもたらす、ということがあった。その意味で経済危機の克服はアジア地域秩序安定化の鍵である。これは韓国、タイその他の国々ですでにおこっている。しかし、それは唯一の問題でももっとも重要な問題でもない。この二〇〇〇年、イギリスの時代にもアメリカの時代にもアジアの地域秩序の基礎には近代国家があった。しかし、東南アジアと東アジアではこの近代国家の性格に大きな違いがある。日本では近代国家ははじめから国民国家として上からつくられた。韓国、台湾においても国民国家の建設はこの五〇年、順調に進行している。しかし、東南アジアでは事情が違う。すでに見たように、この地域ではリヴァイアサン誕生のはじめから華僑ネットワークが近代国家の同盟者となり、植民地国家の成長とともに「共通の社会的意志をもたない」複合社会が形成された。それが政治的にどれほど深刻な問題か、経済が順調に発展しているときにはよくわからなかった。それがアジア経済危機のなかで明らかとなった。どういうことか。

それにはタイとインドネシアを見ればよい。この二年、タイでは、経済危機のさなか、暴動も略奪もおこらなかった。社会が安定していたからである。一方、インドネシアでは、スハルト体制の崩壊とともに「権力の分散」がはじまり、民主化、地方自治の拡大とともに、アンボンの宗教対立、カリマンタンの民族対立、アチェ、イリアン・ジャヤの独立運動など、社会秩序の解体とインドネシア共和国国家分裂の危機が表面化した。共通の社会的意志のない多民族社会、複合社会のインドネシアでは、国民が国家を信頼しなくなったとき、秩序を支えるはずの社会的連帯のないことがこれで明らかとなった。これが将来どうなるか、それはわからない。しかし、インドネシアにおける国民国家建設の破綻を見れば、「権力の分散」を民主主義、地方自治の拡大と同一化するわけにはとてもいかないし、アフリカは知らず、東南アジアにおいて国家が解体し社会秩序が崩壊することなどありえない、とうそぶいているわけにもいかない。その結果、この地域にふたたび、かつてラッフルズの見たような「マレーの王たち」のまんだらが成立するとは思わない。しかし、それにしても、インドネシア共和国国家、フィリピン共和国国家といったフォーマルな国家の枠内で、ジャカルタ、マニラなどから相当に自立したセンターが登場し、そうしたセンターが国境を越えてさまざまなネットワークで結ばれる、またそうした領域のあちこちで秩序が崩壊する、そういった事態は十分ありうることだろう。

そして最後に第三は、中国の将来である。これは中国がやがて潜在的にも超大国として登場するだろうかという問題ではない。先にも述べたように、そういう問題はまだ当分、考える必要がない。むしろ考えるべきは「大中華圏」の問題である。この二〇〇年、いろいろ紆余曲折はあったものの、福建、広東から東南アジアにかけての地域に、華僑・華人のネットワークは深く根を下ろし、ラッフルズの時代のイギリス自由貿易帝国（成功例）、今日のインドネシア（失敗例）に見るように、華僑・華人ネットワークとの同盟は一国の経済運営に決定的重要性をもつようになった。アジアの経済がこれからも発展していくとすれば、こうした事情にはこれからも当分、大きな変化はないだろう。問題は「海のアジア」におけるこうした華僑・華人経済の繁栄が中国の将来にどのような意味をもつだろうかということである。

中国では帝国は常に農民支配の上に築かれた。これは中華人民共和国国家についても同様である。歴代王朝においては郷紳の農民支配が帝国の基礎をなし、中華人民共和国国家においては共産党の農民支配がその基礎をなす。それは別の言い方をすれば、中国において国家が資本主義国家として編成されたことは一度もなく、商業の繁栄、市場経済の発展は常に農本主義国家の基礎を脅かしたということである。これは中国の歴史の示す通りである。過去五、六〇〇年、日本列島、朝鮮半島から浙江、福建、広東を経て東南アジアに至る「海のアジア」の領域では商業の時代が何度かあった。中国はそのたびに不安定化した。十五世紀から十七世紀にかけての商業の時代には倭寇が跳梁して明が衰亡し、十九世紀から二十世紀の帝国主義の時代には中国は「半封建、半植民地」の有様となった。これは偶然ではない。商業の時代には、富が権力を生む。それは土地と農民の支配にもとづく権力とは異質の権力である。商人と海賊が明の支配を脅かし、清末、南洋華僑が孫文の革命運動を支援したのはそのためである。そしていまわれわれは二十世紀末にはじまった新たな「商業の時代」にある。では中国はこの「商業の時代」にあって、市場経済に適合的な資本主義国家、つまり市場経済のダイナミズムを国力に転換できるような開かれた政治経済システムを創出できるだろうか。相当に疑問である。

ではこうしたなかで、日本はこれからなにをめざしてどこに行けばよいのか。

この五〇年、米国をナンバー1、日本をナンバー2とするアジアの地域秩序は、日本にとってなかなか居心地のよいシステムだった。このシステムの下で日本の安全と繁栄は、米国主導の安全保障体制と、日・東南アジア・米国の三角貿易システムによって保証された。またこの五〇年、日本はかつてのように大陸進出か南進か（「陸のアジア」か「海のアジア」か）という選択に悩む必要もなかった。そしてまたこの五〇年、われわれは米国主導のアジア地域秩序の下で岸のアジア主義に見るように、国際主義とアジア主義の現実的調和を見いだした。これほど居心地のよいシステムを変える必要はまったくないし、まして日本を盟主としてアジアに新秩序を構築するといったことは望ましいことでもなければ、できることでもない。重要なことは、いま現にあるこのアジアの地域秩序のシステム的安定をはかり、かつその下で日本の行動の自由を拡大していくことにある。

ではどうするか。アジアにおける日本の位置はヨーロッパにおけるドイツとは違う。日本は「アジアの中の日本」というより「日本とアジア」のかたちでアジアと結びつき、東アジアの雁行型経済発展を先頭に立って牽引することによってその地域化を進めてきた。したがって、われわれはドイツ人が自分たちの未来をヨーロッパ主義に託すようにはわれわれの将来を地域主義としてのアジア主義に託することはない。まして英米本位主義を排し、アジア主義に賭けるなどというのは狂気の沙汰である。めざすべきは国際主義とアジア主義の調和であり、アジア地域秩序の安定であり、そして経済協力、文化協力、知的協力、技術協力などの交流の拡大と深化によって日本・東アジア関係の経済的、社会的、文化的パラメーターをゆっくり変えていく、そしてそれによって長期的に日本の行動の自由の拡大が韓国、台湾、東南アジアの国々の利益にもなる、そういう仕組みを地域秩序のなかにつくることである。日本の行動の自由を拡大するような地域化の推進、そしてこれによる「アジアの中の日本」の実現、それがわれわれの進むべき道だろう。

あとがき

振り返ってみれば、アジアを一つの地域システムと捉え、その生成と変容という観点からアジアを理解する、ということを考えるようになって、ほぼ一〇年になる。それにはひとつ、大きなきっかけがあった。

わたしは一九八七年から一九九六年までのちょうど一〇年間をニューヨーク州イサカのコーネル大学で教えたのであるが、一九九〇年から九一年の一年をジャカルタですごし、九一年秋、イサカに戻ったときのことである。当時、コーネル大学には、東南アジアプログラム、東アジアプログラムなどの地域研究プログラムがあった。そのひとつ、ソ連・東欧プログラムが、ある日、気がついてみるとなくなっていた。一九八九年、ベルリンの壁が崩壊し、東欧の革命とソ連の崩壊によってソ連・東欧という地域概念が意味を失ってしまったからだった。

これはたいへんなショックだった。別に東南アジアがある日、消滅し、それとともに東南アジアプログラムもなくなってしまうと心配したわけではない。しかし、それにしても東南アジアということばなしに、東南アジア研究のありえないこともまた明らかだった。そうしたごくあたりまえのこと、それが、ついこのあいだまで「ソ連・東欧」研究者であった人たちがにわかに「エスニシティ」研究者、「民主主義移行」研究者、「市場経済移行」研究者などとして、日本語ではなんともうまいことばが思いつかないので英語でそのままいえば、みずからを reinvent しようとしている、つまり、自分を「再発明」し、新たな自分を「でっち上げている」、それを見るにつけ、いまさらながらに痛感されたのだった。

それが地域をどう考えるかを問い直すきっかけとなった。

この問題は東南アジア研究でははじめから大問題だった。それは「東南アジア」が実は内容不安定で空虚なことばであるということによった。東南アジアは戦後生まれの新しいことばである。東南アジア史の通説では、第二次大戦中、マウントバッテン指揮下、東南アジア司令部の設置されたのがこのことばが公式に使われた最初の例ということになっているが、これは英語での話であって、米語では、戦後もしばらく「中国とその周辺 China and its vicinities」が中国から東南アジアに至る地域を一括して呼ぶことばとして使われ、Southeast Asia は一九四九、五〇年頃、ワシントンで新しく使われるようになった。なぜか。一九四九年、中国に中華人民共和国が成立し、翌一九五〇年には朝鮮戦争が勃発して、「中国とその周辺」では都合が悪くなったからである。「東南アジア」はこのとき「その周辺」を「中国」から概念的に切り離す、そういうことばとして作られた。つまり、東南アジアは冷戦の開始とともに生まれ、そういうものとして米国の対アジア戦略を支える概念装置となったのだった。

これはよく知られたことである。しかし、ここで重要なのはその先である。東南アジアということばが作られ、米国の対アジア戦略の概念装置となってみると、その東南アジアについて専門家のいないこともまた明らかになった。あたりまえのことである。いままで地域とも見なされていなかったところにその専門家がいるわけがない。そこで東南アジア研究の必要が認められ、コーネル大学、イェール大学などに東南アジアプログラムが設立され、政府、民間財団から研究教育助成が行なわれた。東南アジアの「専門家」が教師として雇用され、インドネシア語、タイ語などのコースが設けられ、潤沢な奨学金に支えられて東南アジア研究者の養成がはじまった。東南アジアの言語を自由にあやつり、東南アジアでフィールド調査を行ない、東南アジア研究で博士号を取得した東南アジア専門家が登場するようになった。

一九五〇年代後半から一九六〇年代半ば頃のことである。

こうして東南アジア研究という新分野が成立した。しかし、この看板には実は偽りがあった。東南アジアにはタイ語、ベトナム語、インドネシア語など、多くの言語がある。これをすべて修得し、ことばの真の意味で東南アジアの専門家になることなど不可能である。そして実際には、ほとんどの東南アジア研究者は、たとえばタイの歴史、インドネシアの政治などに関心があるのであって、ただタイ史、インドネシア政治の専門といったのでは職もないので、東南アジア研究の看板をかけているにすぎない。しかし、看板をかけ、その看板に偽りがあるということがわかっていれば、やはり内心不安である。それが東南アジア研究者のアイデンティティ危機をひきおこした。東南アジアとはなにか、この地域をどう考えるかということが大問題となったのはこのためだった。

ではどうすればよいか。そのひとつの試みが、「東南アジアを模索して」とでも訳せばよいだろうか、In Search of Southeast Asia と題する東南アジア近代史の教科書である。こんな本はもちろんひとりでは書けない。だからタイ史、インドネシア史、フィリピン史、ビルマ史、マレーシア史、ベトナム史の専門家が集まって書いた。しかし、あたりまえのことであるが、この本を最後まで読んでも、東南アジアは見つからない。一国史をいくら集めても東南アジア史にはならないからである。

そんなことはわかりきっている。だから、もっとよく見える人、たとえば、やがて『想像の共同体』によって世界的スターとなるベネディクト・アンダーソンのような人は、東南アジアとはなにか、などとは問わない。東南アジアが内容のないことばであることはわかりきっている。それを運命として受け入れる、そしてその上で東南アジアから世界史的問題について問いかける、そこにかれの『言語と力』『比較の妖怪』などの作品がある。

しかし、わたしには、このいずれの立場も不満だった。たしかに「東南アジア」は空っぽのことばとして作られた。しかし、このことばが時とともにそれなりに意味をもつようになってきたこともまた事実である。地域をひとつの安定的な構造として摑まえようとするから、一方でありもしないものを「模索」することになり、また一方ではそんなものはありえないと、突き放してしまうことになる。

ではどうするか。地域を構造として、なんらかの安定した共通性（たとえば、文明、風土）によって摑まえることができないとすれば、地域化、つまり、歴史的に生成、発展、成熟、消滅する過程（プロセス）として地域を摑まえればよい。そうすれば東南アジアがある日、消滅しても、それを対象化できるような地域研究ができるだろう。そういう観点から

「海のアジア」における地域システムの生成と変容の歴史を二つの「非公式」帝国の編成を中心に素描してみること、そしてその中に東南アジア近代国家のマクロ比較史と日本・東南アジア関係史を位置づけること、それがこの本の趣旨だった。

本書は本来、『中央公論』連載のエッセイとして記されたもので、そのきっかけとなったのは、平成十年、わたしを代表者に科学研究費補助金（COE形成基礎研究費）の助成を受けて、京都大学東南アジア研究センター、京都大学大学院アジア・アフリカ地域研究研究科において「アジア・アフリカの地域編成」プロジェクトのはじまったことであった。このプロジェクトを基礎づけ、地域の成り立ちをどう考えるか、わたしなりの考えをできるだけ一般的に提示する、そういった趣旨で記したエッセイを『中央公論』に連載して多くの人々に読んでいただき、またいまこうして一冊の本として出版されることになり、誠に喜びにたえない。

本書を一読していただければ明らかなとおり、この本の執筆にあたっては実に多くの人たちに負っている。エッセイの構想にあたり、宮一穂、早山隆邦の両氏は理想的な相談役だった。「海のアジア」「地域システム」「華僑・華人ネットワーク」の概念は濱下武志氏からの借用である。東南アジア国家、経済のマクロ比較についてはベネディクト・アンダーソン、原洋之介氏、日独比較についてはピーター・カッツェンスタイン、開発主義については末廣昭氏、ブギス人については立本成文氏、東南アジアの人口誌については坪内良博氏によるところが多い。またいつものことながら、白石さやのコメントはエッセイの文章まで至るところに影を落としている。さらにこの本の編集にあたっては『中央公論』編集部の黒田剛史氏、中公新書編集部の石川昂氏に大いにお世話になった。これらの人々に心から感謝の意を表するとともに、本書をいまは亡き二人の尊敬する友人、ジョージ・ケーヒン教授と上原隆氏に捧げたいと思う。

二〇〇〇年八月

白石　隆

参照文献と注

第一章 ラッフルズの夢

ラッフルズの伝記としてはC. E. Wurtzburg, *Raffles on the Eastern Isles* (Singapore: Oxford University Press, 1984, first published 1954) が良い。信夫清三郎の古典『ラッフルズ伝、イギリス近代的植民政策の形成と東洋社会』(初版一九四三年、平凡社東洋文庫、一九六八年) は、そのタイトルにも見る通り、いまではほとんどだれもとりあげないような問題関心から記されたものであるが、それでもなお読むにたえる。また鶴見良行『マラッカ物語』(時事通信社、一九八一年) にもラッフルズについての一章がある。しかし、鶴見のラッフルズ評価は「ともあれ、かれは現地についての知識を、ときには露骨にときには窃かに利用して目的を達成した陰謀家だった。しかしその知識も、自分で思いこみ人にも吹聴していたほどに深いものではなかったのである」との一文にも見るようにきわめて厳しいものであり、人によって資料の読み方、人物の評価とはこれほどにも違うものかと思う。なお東南アジアにおけるラッフルズの足跡を辿った旅行記として Nigel Barley, *The Duke of Puddle Dock: Travels in the Footsteps of Stamford Raffles* (New York: Henry

Holt, 1991）があるが、饒舌なばかりで出来は良くない。ラッフルズがかつて滞在したバンダル・ヒリルの政府公邸跡地にはいまエクアトリアル・ホテルが建っている。しかし、海岸の埋め立てと再開発により、そこから見るマラッカの景観はかつてとはまるで違う。

アブドゥッラー・ビン・アブドゥル・カディールの自伝についてはアブドゥッラー、中原道子訳『アブドゥッラー物語、あるマレー人の自伝』（平凡社東洋文庫、一九八〇年）による。その第六章、トゥアン・ラッフルズにラッフルズの描写がある。本書は十九世紀マラヤ、シンガポールについての絶好の入門書である。翻訳はひじょうに良い。

ラッフルズの一八一一年六月一〇日付、東インド総督ミントー卿宛書簡は、Lady Sophia Raffles, *Memoir of the Life and Public Services of Sir Thomas Stamford Raffles, with an introduction by John Bastin*（Singapore: Oxford University Press, 1991）第三章にある。なおラッフルズの書簡からの引用はすべてわたしの訳による。

自由貿易帝国、または非公式帝国の定義については、Bernard Porter, *The Lion's Share: A Short History of British Imperialism, 1850–1995*（London and New York: Longman）pp.2–3、十八、十九世紀におけるイギリスとオランダの対立と協調については、J. S. Bromley and E. H. Kossmann, eds., *Britain and the Netherlands in Europe and Asia: Papers delivered to the Third Anglo-Dutch Historical Conference*（London: Macmillan, 1968）を参照。

ブギス人、マカッサル人のシンガポールへの到来については、C. M. Turnbull, *The Straits Set-*

tlements, 1826-67: Indian Presidency to Crown Colony (Bristol: The Athlone Press, 1972), pp. 183-187、またブギス人についての要領の良い解説としては、立本成文『地域研究の問題と方法、社会文化生態力学の試み』(京都大学学術出版会、一九九六年)第八章(海域世界)を参照されたい。

十九世紀シンガポールの歴史については、C. M. Turnbull, *The Straits Settlements, 1826-67*、アヘン請負については、Lee Poh Ping, *Chinese Society in Nineteenth Century Singapore* (Kuala Lumpur: Oxford University Press, East Asian Historical Monographs, 1978)、および Carl A. Trocki, *Opium and the Empire* (Ithaca: Cornell University Press, 1990)、「信用できる」中国人(respectable Chinese)については、白石隆「華民護衛署の設立と会党」(『アジア研究』第二二巻二号、一九七五年、七五―一〇二ページ所収)を見よ。また十九世紀東南アジアにおける徴税請負の歴史的意義については、John Butcher and Howard Dick, eds., *The Rise and Fall of Revenue Farming: Business Elites and the Emergence of the Modern State in Southeast Asia* (New York: St. Martin's Press, 1993) 所収の論文を参照されたい。

第二章　ブギス人の海

朝貢貿易システムについては、濱下武志『近代中国の国際的契機、朝貢貿易システムと近代アジア』(東京大学出版会、一九九〇年)および Takeshi Hamashita, "The Intra-regional System in East Asia in Modern Times," in Peter J. Katzenstein and Takashi Shiraishi eds., *Network*

Power: Japan and Asia（Ithaca: Cornell University Press, 1997）pp.113-135 参照。

ラッフルズの一八〇八年の報告書は、C. E. Wurtzburg, *Raffles on the Eastern Isles*, pp.68-81 に採録されている。

十七、十八世紀におけるブギス人の活動については、Dianne Lewis, *Jan Compagnie in the Straits of Malacca, 1641-1795*（Athens: Ohio University Center for International Studies, 1995）、M. C. Ricklefs, *A History of Modern Indonesia since c.1300*（Stanford: Stanford University Press, Second Edition, 1993), pp.61-105、Edward L. Poelinggomang, "The Dutch Trade Policy and Its Impact on Makassar's Trade," in *Review of Indonesian and Malaysian Affairs, Special Issue: Island Southeast Asia and the World Economy*, Vol.27, 1993, pp.61-76 を参照せよ。またペナン設立時の「海賊」の跳梁については、K. C. Tregonning, *The Brtish in Malaya: The First Forty Years, 1786-1826*（Tucson: The University of Arizona Press, 1965）を見よ。

アンソニー・リードの人口推計は、Anthony Reid, *Southeast Asia in the Age of Commerce, 1450-1680: Vol.1: The Lands below the Winds*（New Haven: Yale University Press, 1988）, p. 15 による。東南アジアにおける見渡す限り水と森の拡がる景観はいまでも完全には失われていない。そうした描写の例として、坪内良博『小人口世界の人口誌、東南アジアの風土と社会』（京都大学学術出版会、一九九八年）第一部、現在の小人口世界—小人口世界紀行を見よ。

まんだらシステムについては Oliver W. Wolters, *History, Culture, and Region in Southeast*

Asian Perspectives (Singapore: Institute of Southeast Asian Studies, 1982) の第一、二章参照。なお付言しておけば、ウォルタースの論理構成においては、まんだらは一つの政治システムとしてはじめて意味をもち、ヌガラ、ムアンといった単位はそれ自体としては完結したものとはみなされない。その意味でウォルタースのまんだらは、ヌガラを一つの完結したシステムと捉えるクリフォード・ギアツの議論とは決定的に異なる。ギアツのヌガラ論が、十九世紀東南アジアの「国際的」政治経済構造を無視したファンタジーである、とはよく指摘されることであるが、これは方法的にはヌガラを一つの完結した単位として扱ったところに問題がある。ギアツのヌガラ論としては、クリフォード・ギアツ『ヌガラ、一九世紀バリの劇場国家』(小泉潤二訳、みすず書房、一九九〇年)を見よ。

ポルトガル、オランダ東インド会社の勢力によるまんだら世界の歴史のリズムの破壊については、Anthony Reid, *Southeast Asia in the Age of Commerce, 1450-1860, Vol.2: Expansion and Crisis* (New Haven and London: Yale University Press, 1993)、さらには M.C. Ricklefs, *A History of Modern Indonesia since c.1300* を参照されたい。

第三章　よちよち歩きのリヴァイアサン

本章は、白石隆「東南アジア国家論・試論」、坪内良博編『〈総合的地域研究〉を求めて、東南アジア像を手がかりに』(京都大学学術出版会、一九九九年)所収、二六一―二八一ページに加筆、修正したものである。

ウェーバーの国家の定義については、マックス・ウェーバー『職業としての学問』（西島芳二訳、角川書店、昭和四二年）一一ページを見よ。ウ・ヌーの比喩については、U Nu, *U Nu: Saturday's Son*（New Haven: Yale University Press, 1975), pp. 135-136、ラジャラットナムの比喩については、James Minchin, *No Man is an Island: A Study of Singapore's Lee Kuan Yew*（Sydney, London and Boston: Allen & Unwin, 1986）による。「国民」については、ベネディクト・アンダーソン『増補　想像の共同体、ナショナリズムの起源と流行』（白石さや・白石隆訳、NTT出版、一九九七年）参照、また Benedict R. O'G. Anderson, "Old State, New Society: Indonesia's New Order in Comparative Historical Perspective," in *Language and Power: Exploring Political Cultures in Indonesia*（Ithaca: Cornell University Press, 1991), p.95 にある「国家」の定義を見よ。

「よちよち歩きのリヴァイアサン」についての先駆的研究としては J. S. Furnivall, "The Fashioning of Leviathan," *The Journal of the Burma Research Society*, 24:3, 1939, pp.1-138 がある。これは近代国家がいかにして東南アジアに移植されたかについての古典的研究である。

「王は虎、民は森」というジャワ古典のことばについては、Soemarsaid Moertono, *State and Statecraft in Old Java: A Study of the Later Mataram Period, 16th to 19th Century*（Ithaca: Cornell Modern Indonesia Project, 1968), p.22 を参照。

シンガポールの初期の歴史については、C. M. Turnbull, *The Straits Settlements*、Lee Poh Ping, *Chinese Society in Nineteenth Century Singapore*、Carl A. Trocki, *Opium and the Empire*、および C. M. Turnbull, *A History of Singapore, 1819-1988* (Singapore: Oxford University Press, 1989)、ジャワについては J. S. Furnivall, *Netherlands India: A Study of Plural Society* (with introduction by A. C. D. de Graeff, Cambridge University Press, 1939; reprinted 1967)、Onghokham, "The Inscrutable and the Paranoid: An Investigation into the Sources of the Brotoningrat Affair," in Ruth T. McVey, ed., *Southeast Asian Transitions: Approaches through Social History* (New Haven: Yale Southeast Asia Program), pp. 112-157 および James Rush, *Opium to Java: Revenue Farming and Chinese Enterprise in Colonial Indonesia, 1860-1910* (Ithaca: Cornell University Press, 1990)、またフィリピンについては池端雪浦、生田滋『世界現代史6 東南アジア現代史II フィリピン・マレーシア・シンガポール』(山川出版社、一九七七年)、Edgar Wickberg, *The Chinese in Philippine Life 1850-1898* (New Haven and London: Yale University Press, 1965) 参照。 Carl A. Trocki, *Opium and the Empire* と James Rush, *Opium to Java* は十九世紀の海峡植民地とジャワにおけるアヘン請負についての決定的作品である。

第四章 複合社会の形成

ラッフルズの引用は Lady Sophia Raffles, *Memoir of the Life and Public Services of Sir*

Thomas Stamford Raffles から、またミントー卿の夫人宛書簡からの引用は C. E. Wurtzburg, *Raffles on the Eastern Isles*, pp.179-180 による。翻訳はすべてわたしのものである。なおオランダ東インド会社時代のバタヴィアのメスティーソ・エリートについては Jean Taylor, *The Social World of Batavia: European and Eurasian in Dutch Asia* (1983) を参照。

アブドゥッラーからの引用、トムスンのアブドゥッラー描写はすべて中原道子訳『アブドゥッラー物語、あるマレー人の自伝』による。

ラッフルズの都市計画図は、Maya Jayapal, *Old Singapore* (Kuala Lumpur: Oxford University Press, 1992), p.9 から採録した。またその説明については C. M. Turnbull, *A History of Singapore, 1819-1988* によるところが大きい。

アイデンティティの政治についての記述は、白石隆「『最後の波』のあとに、二〇世紀ナショナリズムのさらなる冒険」、『岩波講座現代社会学24　民族・国家・エスニシティ』（岩波書店、一九九六年）所収、二一一―二二九ページを下敷きにしている。また複合社会の定義については J. S. Furnivall, *Colonial Policy and Practice* (Cambridge: Cambridge University Press, 1944) 参照。

第五章　文明化の論理

本章は、「インドネシアの近代における『わたし』、カルティニの ik とスワルディの saya」『東南アジア研究』三四巻一号（一九九六年六月）所収、五―二〇ページに加筆、修正したものである。

ルイ・クーペルスの引用は Louis Couperus, *The Hidden Force*, translated by Alexander Teizeira de Mattos（Amherst: The University of Massachusetts Press, 1985）による。

二つの地図は David Joel Steinberg ed., *In Search of Southeast Asia: A Modern History*, Revised Edition（Honolulu: University of Hawaii Press, 1987）から採録した。また十九世紀末、二十世紀初めの東南アジアの政治経済社会的変化の要領のよい記述としては同書一七三―二四四ページを参照されたい。この時期のリヴァイアサンの変貌については Thongchai Winichakul, *Siam Mapped*（Honolulu: University of Hawaii Press, 1996）、Takashi Shiraishi, "Anti-Sinicism in Java's New Order," in Daniel Chirot and Anthony Reid, eds., *Essential Outsiders: Chinese and Jews in the Modern Transformation of Southeast Asia and Central Europe*（Seattle and London: University of Washington Press, 1997）pp.187-207 参照。

カルティニについては、土屋健治『カルティニの風景』（めこん、一九九一年）による。またオランダ東インドにおける近代的な政治のはじまりについては Takashi Shiraishi, *An Age in Motion: Popular Radicalism in Java, 1912-1926*（Ithaca: Cornell University Press, 1990）を見よ。スワルディ・スルヤニングラットとかれの「もしわたしがオランダ人であったならば」については、この本の六二―六四ページにおいて論じている。

リヴァイアサンの移植と成長が東南アジアにひきおこした文化的な危機のひとつの例としては、Takashi Shiraishi, "Dangir's Testimony: Saminism Reconsidered," *Indonesia*, No. 50（October

1990）を見よ。東インドにおける「牢獄・収容所」列島の形成と「立ち入り禁止」の標識については、Takashi Shiraishi, "The Phantom World of Digoel," *Indonesia*, No. 61（April 1996), pp.93-118 および "Policing the Phantom Underground," *Indonesia*, No. 63（April 1997）を参照。

アメリカニズムについてはもっぱら古矢旬「アメリカニズム、その歴史的起源と展開」、東京大学社会科学研究所編『20世紀システム（1）構想と形成』（東京大学出版会、一九九八年）所収による。

第六章　新しい帝国秩序

本章は、Takashi Shiraishi, "Japan and Southeast Asia" および Peter J. Katzenstein and Takashi Shiraishi, "Conclusion: Region in World Politics, Japan and Asia-Germany in Europe," both in Peter J. Katzenstein and Takashi Shiraishi eds., *Network Power: Japan and Asia* を下敷きとしたものである。

ジョージ・ケナンの「日本の頸動脈に軽く置かれた手」については、Bruce Cumings, "The Origins and Development of the Northeast Asian Political Economy: Industrial Sectors, Product Cycles, and Political Consequences," in Frederic C. Deyo, ed., *The Political Economy of the New Asian Industrialism* (Ithaca: Cornell University Press, 1987), p.61 を見よ。

岸信介首相の引用は、末廣昭「経済再進出への道」『戦後日本、占領と戦後改革（6）戦後改革とその遺産』(岩波書店、一九九五年)所収による。

日本の東南アジア進出を大東亜共栄圏パート2とするジェームズ・ファローズの議論については、James Fallows, *Looking at the Sun: The Rise of the New East Asian Economic and Political System* (New York: Pantheon, 1994) を見よ。また東アジアにおけるアメリカのヘゲモニーについては、Bruce Cumings, "Japan and Northeast Asia into the Twenty-first Century," in Peter J. Katzenstein and Takashi Shiraishi, eds., *Network Power* 参照。

開発体制については、末廣昭「序章 開発主義とはなにか」、「1章 発展途上国の開発主義」、東京大学社会科学研究所編『20世紀システム(4)開発主義』(東京大学出版会、一九九八年)による。

アメリカ化のプロジェクトについては、白石隆「アメリカはなぜ強いのか、ヘゲモニーと知的協力」(『中央公論』一九九七年七月号)二二四—二三三ページを見よ。

第七章 上からの国民国家建設

本章は、白石隆「上からの国家建設、タイ、インドネシア、フィリピン」(『国際政治』第八四号、一九八七年二月、二五—四三ページ所収)および「アジア型政治経済体制の終わりと通貨危機」(『世界』一九九八年五月号、四四—五三ページ所収)を下敷きにしたものである。なおタイについてはさらに、末廣昭『タイ、開発と民主主義』(岩波新書、一九九七年)、Pasuk Phongpaichit and

Chris Baker, *Thailand's Boom!*（Chiang Mai: Silkworm Books, 1996）、インドネシアについては、白石隆『新版インドネシア』（NTT出版、一九九六年）、『スカルノとスハルト』（岩波書店、一九九七年）、『崩壊』（NTT出版、一九九九年）を参照。

「権力の集中」と「権力の拡大」については、Samuel P. Huntington, *Political Order in Changing Societies*（New Haven: Yale University Press, 1968）による。マルコスの「中心からの革命」については、Ferdinand E. Marcos, *Today's Revolution: Democracy*（Manila: Ferdinand E. Marcos, 1971）、またアキノ暗殺の意味づけについては、Reynaldo C. Ileto, "The Past in the Present Crisis," in R. J. May and Francisco Nemenzo, eds., *The Philippines After Marcos*（London: Croom Helm, 1984）を参照されたい。

第八章　アジアをどう考えるか

本章は一部、Peter J. Katzenstein and Takashi Shiraishi, "Conclusion: Region in World Politics, Japan and Asia-Germany in Europe," in Peter J. Katzenstein and Takashi Shiraishi eds., *Network Power: Japan and Asia* を下敷きとする。

アジアの工業化の世界史的意義については、原洋之介「『奇跡』から『危機』へ、そしてその後」、原洋之介編『アジア経済論』（NTT出版、一九九九年）所収、および杉原薫「アジア太平洋経済圏の興隆」（未定稿）を見よ。

「海のアジア」の定義については、濱下武志「序　地域研究とアジア」(『アジアから考える(2)地域システム』東京大学出版会、所収)、中国の歴史については、市古宙三『世界の歴史20　中国の近代』(河出書房新社、一九九〇年)による。また日本については、中村隆英『昭和史Ⅰ　一九二六—一九四五』(東洋経済新報社、一九九三年)によるところが大きい。

白石 隆（しらいし・たかし）

1950年（昭和25年），愛媛県に生まれる．
東京大学教養学部教養学科卒業．コーネル大学Ph.D..
東京大学教養学部助教授，コーネル大学教授，京都大学東南アジア研究センター教授を経て，現在，政策研究大学院大学教授，副学長．アジア経済研究所所長．
主著『An Age in Motion』(Cornell University Press, 1990年，大平正芳記念賞受賞)
『インドネシア—国家と政治』(リブロポート，1991年，サントリー学芸賞受賞．新版，NTT出版，1996年)
『スカルノとスハルト』(岩波書店，1997年)
『崩壊』(NTT出版，1999年)
『インドネシアから考える』(弘文堂，2001年)
『帝国とその限界』(NTT出版，2004年）ほか

海《うみ》の帝国《ていこく》
中公新書 1551

2000年9月25日初版
2009年3月25日8版

著 者 白石 隆
発行者 浅海 保

本文印刷 三晃印刷
カバー印刷 大熊整美堂
製 本 小泉製本

発行所 中央公論新社
〒104-8320
東京都中央区京橋 2-8-7
電話 販売 03-3563-1431
編集 03-3563-3668
URL http://www.chuko.co.jp/

Published by CHUOKORON-SHINSHA, INC.
Printed in Japan ISBN4-12-101551-7 C1231

中公新書刊行のことば

一九六二年一一月

いまからちょうど五世紀まえ、グーテンベルクが近代印刷術を発明したとき、書物の大量生産は潜在的可能性を獲得し、いまからちょうど一世紀まえ、世界のおもな文明国で義務教育制度が採用されたとき、書物の大量需要の潜在性が形成された。この二つの潜在性がはげしく現実化したのが現代である。

いまや、書物によって視野を拡大し、変りゆく世界に豊かに対応しようとする強い要求を私たちは抑えることができない。この要求にこたえる義務を、今日の書物は背負っている。だが、その義務は、たんに専門的知識の通俗化をはかることによって果たされるものでもなく、通俗的好奇心にうったえて、いたずらに発行部数の巨大さを誇ることによって果たされるものでもない。現代を真摯に生きようとする読者に、真に知るに価いする知識だけを選びだして提供すること、これが中公新書の最大の目標である。

私たちは、知識として錯覚しているものによってしばしば動かされ、裏切られる。私たちは、作為によってあたえられた知識のうえに生きることがあまりに多く、ゆるぎない事実を通して思索することがあまりにすくない。中公新書が、その一貫した特色として自らに課すものは、この事実のみの持つ無条件の説得力を発揮させることである。現代にあらたな意味を投げかけるべく待機している過去の歴史的事実もまた、中公新書によって数多く発掘されるであろう。

中公新書は、現代を自らの眼で見つめようとする、逞しい知的な読者の活力となることを欲している。